PARIS
PENDANT LA GUERRE

FERNAND LAUDET

PARIS
PENDANT LA GUERRE

IMPRESSIONS

PARIS

LIBRAIRIE ACADÉMIQUE
PERRIN ET Cie, LIBRAIRES-ÉDITEURS
35, QUAI DES GRANDS-AUGUSTINS, 35
1915

AVANT-PROPOS

Ce livre contient les notes régulièrement prises, chaque semaine, à Paris, depuis le début de la guerre jusqu'au commencement de 1915. Il ouvre par un article publié le 4 juillet 1914, à un moment où l'auteur, comme bien d'autres, ne croyait pas à la guerre imminente, mais évoquait cependant, comme s'il était mû par un pressentiment, ses lointaines impressions de la guerre de 1870.

Quelques mois après, l'auteur était appelé à exposer les responsabilités de la guerre de 1914, et ces considérations font l'objet d'un dernier chapitre.

F. L.

PARIS PENDANT LA GUERRE

I

LES TÉMOIGNAGES DE L'EXPÉRIENCE [1]

4 juillet 1914.

Assurément, la France d'aujourd'hui apparaît à ceux qui ont dépassé la cinquantaine bien différente de celle qu'ils ont entrevue dans leur enfance.

Deux dates surtout marquent deux étapes de leur vie : 1870 et 1880.

« Avant la guerre », comme on a dit si

[1] Extrait de l'enquête ouverte en 1914 par la *Revue Hebdomadaire* sur les Témoignages de l'Expérience et à laquelle ont participé M. Paul Bourget, M. le Général Lebon, M. Pierre Termier, M. Pierre Baudin, M. l'abbé Sertillanges, M. le docteur Richet, M. le bâtonnier Devin, M. le pasteur Wagner, M. Jacques Piou, Mme Mary Duclaux et Mme la comtesse de Courson.

longtemps, un petit enfant attentif voyait des
choses très peu semblables à celles d'aujour-
d'hui.

S'il habitait Paris, c'était la chose militaire
qui occupait le plus ses yeux. Chaque jour il
regardait défiler la garde montante, musique
en tête, avec le grand tambour-major qui,
derrière les sapeurs en tabliers blancs, faisait
tournoyer sa canne en l'air, puis les compagnies alignées des grenadiers et des voltigeurs
qui prenaient toute la largeur du boulevard.
A chaque instant, dans la rue, il rencontrait
des officiers en uniforme, parfois un général
suivi de ses aides de camp et d'un piquet de
dragons, et les zouaves, et les turcos bronzés,
et les cent-gardes à la tunique azurée, et les
petits chasseurs, et sur la place Vendôme, les
vieux retraités de la garde nationale, le bon-
net de police sur l'oreille, battant le tambour
en inclinant la tête. Il ne pouvait pas ne pas
avoir l'idée de l'armée, il l'admirait et la
révérait et dans ses chefs et dans ses vieux
brisquards, et dans ses invalides médaillés de
Sainte-Hélène, qu'on voyait encore marcher
lentement autour de la coupole dorée ; l'ar-

mée lui mettait déjà des rêves dans l'âme et semait en son cœur l'idée de la gloire.

Cet enfant avait aussi l'idée d'un certain luxe. Peut-être que la collection bien réduite alors de la Bibliothèque rose et les romans de la comtesse de Ségur aidaient sa pensée à se tourner vers le monde et les heureux du monde, mais il lui suffisait de savoir ouvrir les yeux pour être témoin de quelque faste. Il voyait souvent passer dans les rues du faubourg les lourdes calèches avec les lanternes à la dauphine, les housses frangées, et les deux laquais debout à l'arrière ; aux Champs-Élysées, il s'émerveillait du défilé sur quatre rangs des beaux équipages avec les grands chevaux dont l'écume blanchissait les chaînes d'acier, et des daumonts aux livrées variées ; parfois un piqueur au grand trot annonçait l'arrivée d'un cortège au-devant duquel la foule se précipitait en criant : l'Empereur ! Et dans la poussière brillaient les uniformes.

A son âge, cet enfant ne pouvait connaître, en dehors du foyer de famille, que la rue ; elle lui apparaissait douce et élégante. Les affiches n'avaient encore rien enlaidi et les maisons des jolis quartiers ne disparaissaient pas sous les inscriptions commerciales. Les boutiques étaient choisies et les devantures abordables. Tout paraissait mesuré, les voies restaient praticables et l'on pouvait encore jouir de la perspective des avenues. Il était possible de se promener. L'enfant d'aujourd'hui doit avoir le sentiment de la force et de l'activité, celui de jadis sentait mieux celui de la beauté. Est-ce mieux? C'est du moins une différence. Notre temps avec lequel il faut vivre fait connaître à nos bébés le petit bleu, le téléphone, le métro, l'auto, l'ascenseur et l'ampoule électrique, charmants progrès très agréables à coup sûr, mais qui forcément changent le tempérament et le caractère d'une génération.

La nouvelle s'avance avec plus d'aises dans la vie, l'ancienne avait moins de désinvolture, les sports lui manquèrent, mais son esprit fut davantage plié sous la loi de l'effort. Elle connut l'internat. Dès l'âge de dix-huit ans, au moment où sa jeune âme tressaillait des premiers sentiments d'indépendance et de communion avec la vie, l'enfant était éloigné de la maison paternelle, privé d'affection, sevré de grand air et enfermé dans de grands bâtiments enfermés eux-mêmes dans des murs, une sorte de Roquette. Il y passait huit ou dix ans et n'était pas l'objet d'excès de prévenances ; sans doute, dans les établissements libres, la discipline se montrait plus paternelle, il y avait un peu plus de verdure et d'abandon, mais combien le froid dortoir, l'infirmerie lugubre, la cour ennuyeuse et la promenade banale créaient une atmosphère différente de celle de la maison des parents, et préparaient déjà l'enfant aux difficultés, aux nécessités de la vie ! Combien surtout ils lui faisaient apprécier le foyer dont il sentait la privation ! Qui dira l'ivresse des jours de sortie, et la mélancolie des jours de rentrée, image des alternatives de joie et de tristesse de l'existence ! Pour se distraire, ou plutôt pour distraire sa pensée, on travaillait. En ce temps-là, tous les livres n'étaient pas annotés, et aucune image n'éclairait leurs pages, mais on s'entraînait à l'effort contre l'obstacle, et l'imagination colorait l'aridité des études. C'était le sport intellectuel. Dans les premières classes, et même dans les classes moyennes, on jouissait du moins d'un grand avantage, celui de n'avoir qu'un seul professeur. Celui-là était vraiment *le maître* qui enseignait à la fois à ses élèves le français, le latin, le grec, l'histoire et l'arithmétique, et il semblait qu'il y suffît! Les programmes ne connaissaient pas les surcharges et on ne changeait pas de livres tous les six mois; une grammaire latine était un bréviaire qui vous suivait à travers toutes les classes et dont on gardait pieusement la charpie sacrée jusqu'au baccalauréat. Tout l'ensemble de cette méthode, probablement inapplicable aujourd'hui, donnait à l'éducation une suite, une discipline et aussi une simplicité qui avaient leur valeur. Il lui manquait seulement le souci de la préparation à la vie. La donne-t-on mieux aujourd'hui? Je le crois : l'intention est du moins de faire plus des hommes que des humanistes ; je ne discute pas du reste, je ne fais, pour répondre à la pensée de cette enquête, qu'indiquer ce qui marque la différence de la jeunesse d'il y a un demi-siècle et de celle d'aujourd'hui. Nous avions pour nos études la même émulation qu'on rencontre maintenant pour le football ; les concertations, les compositions, les concours et les déclamations mettaient des diversions dans le travail, et une certaine ambition donnait aussi un peu de lumière à notre horizon. Cette ambition, il faut l'avouer, avait pour limite l'idéal de nos familles encore très impressionnées par le prestige des fonctionnaires. En dehors des trois étoiles, nous n'entrevoyions guère que l'habit brodé du préfet, ou la simarre du conseiller. Beaucoup cependant rêvaient aussi d'écouler leur vie dans leur province, au domaine familial.

Assurément, les jeunes d'alors aimaient plus la terre que ceux d'aujourd'hui. Il est vrai qu'elle n'était pas encore abandonnée par les riches et par les pauvres. L'auto n'était point là pour vous emmener si loin du point d'attache qu'on ne s'y attache plus, et, si la politique entretenait déjà les divisions chères au cœur des humains, il n'y avait pas du moins entre l'église, le château, l'école et la mairie, l'hostilité nécessaire que nous devons à l'avènement de la Fraternité. Beaucoup d'entre nous, à l'entrée dans la vie, se félicitaient de reprendre auprès de leur père, ou après leur père, l'existence dans la vieille maison de campagne ou de petite ville que consacrait le nom de leur famille. La plupart avaient été élevés dans les grands collèges de leur province, moins durs que ceux de la capitale; les vacances avaient respecté le lien entre eux et la terre. La chasse, le cheval, les promenades, les moissons, les vendanges, enchantaient leur jeunesse ; peu avaient voyagé, peu connaissaient la mer ou la montagne : la campagne leur suffisait, la simple et la douce campagne avec ses champs, ses bois et ses rivières, ses routes qui font des lacets sur les coteaux ou qui suivent les vallées bordées de hauts peupliers. Tout cela est bien changé, non la campagne elle-même, certes, mais la chasse qui ne se fait plus simplement, le cheval qu'on ne monte plus, la promenade qui paraît insipide, les moissons sans ouvriers et aux mains de quelques machinistes. Il est aisé de comprendre que, pour des raisons justifiées ou non, les jeunes gens d'aujourd'hui ont moins de goût à faire valoir leurs terres ; ils préfèrent un portefeuille d'assurance ; de même que le fils du vieux métayer préfère aussi charger des malles dans une gare plutôt que de suivre son père à la charrue ; chacun son goût.

*
**

Nous étions encore des enfants, quand une grave nouvelle se répandit dans le pays : la guerre était déclarée. Si jeunes que nous fussions, nous nous trouvions plus au courant qu'on ne le croirait des événements extérieurs. A Paris, nous avions reçu des petits jouets qui s'appelaient la question romaine, la question mexicaine, sortes d'anneaux presque inextricables qu'il s'agissait de savoir séparer ! Nous n'ignorions pas qu'ils étaient le symbole de grands problèmes. Mais cela regardait les pays étrangers ; quant à nous, nous avions appris par notre petite histoire, par nos parents ou simplement par les images d'Épinal si répandues alors, que nous étions invincibles. Solferino, Magenta étaient encore des

noms tout frais qui nous chantaient la victoire. Aussi, du fond de nos provinces, atten-
dions-nous en pleine confiance l'annonce de
nos succès et l'entrée des Français à Berlin,
ainsi que nous la représentaient les vieilles
gravures montrant Napoléon passant sous la
porte de Brandebourg. Je me souviens encore
de la hautaine modestie avec laquelle on
accueillit la nouvelle de l'heureux engagement de Saarbruck. Aussi quels coups terribles que ceux de Wissembourg, Werth et
Forbach, quel désastre, quel effondrement le
jour où le courrier du village apporta la dépêche qu'on lut en frémissant en famille :
« Sedan a capitulé, l'Empereur a été fait prisonnier. » L'Empereur prisonnier ! On devine
ce que ces deux mots peuvent bouleverser
l'esprit d'un enfant, il est mûr désormais
pour tous les abandons de la fortune. Et
quand, quelques mois après, il fallut nous
donner en classe les nouvelles cartes de
France, de la France qui perdait sa symétrie
et dont le bras gauche était amputé ou voilé
d'un crêpe, il s'ouvrit dans nos cœurs une
blessure qui ne s'est jamais refermée et dont

la nouvelle génération, si patriote soit-elle,
ne pourra jamais comprendre l'incurable
souffrance. La génération d'alors eut le sentiment de la diminution et entra dans la vie
avec timidité et inquiétude.

Puis, la politique s'en mêla, et le change-
ment de régime amena les désunions de familles et l'accentuation de la division dans le
village. C'est alors que prit naissance le
regrettable malentendu dont nous souffrons
toujours, et qui prive notre pays des deux
grands partis qui détiennent alternativement
le pouvoir dans les autres, car on ne se divisa
pas tant sur les questions sociales ou morales
que sur la question de la forme du gouvernement ; le contingent passa avant l'absolu, et
il se fit inutilement une grande consomma-
tion d'hommes et de forces. Cependant, jusqu'en 1880, les luttes furent peu aiguës. Il
demeurait du reste convenu, dans un certain
monde, que la République ne durerait pas,
et l'on affectait de s'installer dans le provisoire ;
le gouvernement était d'ailleurs conservateur,
ce qui n'empêchait pas nos familles de déclarer les temps abominables. Il y avait là de

quoi rendre sceptique en politique la jeune génération, témoin de ces prédictions sans suite et de ces contradictions déconcertantes. Mais en 1880 au début de la présidence Grévy, les jeunes gens comprirent que quelque chose de grave et de nouveau allait se passer ; on touchait à la conscience. Ferry, quelles que fussent par ailleurs ses qualités, restera toujours pour les hommes de notre génération celui qui a ouvert la guerre religieuse dans notre pays. Ses disciples l'ont bien dépassé sans doute, plus peut-être qu'il ne l'eût souhaité, mais il fut l'initiateur, et du reste il n'y a pas deux manières de violer la liberté ; ceux qui ont vu Combes appliquer les lois contre les congrégations et mobiliser les gendarmes contre les religieux ont eu le sentiment qu'ils assistaient au second acte d'une tragédie commencée vingt ans auparavant. Dans les deux, le serrurier a joué son rôle ; les portes ont été enfoncées comme les consciences ont été violentées. Cela ne s'oublie pas. C'est assurément cette mesquine guerre religieuse qui a le plus changé la vie de nos provinces depuis trente ans.

Dans les villes, les rapports sociaux avec les fonctionnaires ont peu à peu cessé et cela est regrettable, mais c'est surtout au village que la vie est devenue bien différente. Le curé « occupant sans titre » dans son église, locataire dans son presbytère, quêteur pour assurer sa subsistance, n'a plus cette situation de « pasteur » qui lui convenait et qu'avait si noblement définie Lamartine; l'instituteur sectaire ou apeuré a cessé aussi d'être le maître indiscuté qu'il était jadis, et le maire, surveillé par les comités occultes, est souvent dans la même dépendance qu'un député. En résumé, s'il y a heureusement des communes paisibles où une bienfaisante influence maintient l'équité et la paix, il en est encore beaucoup sur lesquelles plane ce sentiment de crainte et de gêne qui fait les existences si ternes. D'autre part, pour être juste, il faut reconnaître qu'il y a aujourd'hui dans la France rurale plus d'aisance, plus d'hygiène, plus d'assistance, plus de facilités qu'autrefois, et peutêtre plus d'instruction. Avec un peu de bonne volonté et le souci d'un vrai libéralisme, on pourrait revenir à une France plus unie et il n'est pas défendu d'espérer que la nouvelle génération, mieux dégagée des anciennes entraves, plus compréhensive des besoins de la société moderne et indemne des blessures qui ont épuisé ses aînés, refera à notre pays une vie plus libre et moins divisée.

**

Si, après avoir comparé la France d'aujourd'hui à celle qui m'apparut à l'aurore de ma jeunesse, il me faut maintenant me demander ce que la vie m'a appris et ce que l'expérience m'a enseigné, je me trouve un peu embarrassé pour répondre à cette indiscrète question.

Je me souviens qu'à l'âge de vingt ans, lisant comme d'autres *le Lys dans la vallée*, je fus frappé des conseils donnés par Mme de Mortsauf à Félix de Vandenesse lorsqu'il entra dans le monde et qu'elle se fit un bonheur de « ramasser les débris épars de son expérience pour les lui transmettre » et l'armer contre les dangers de la vie.

La société moderne, lui disait-elle en substance, se sert-elle plus de l'homme qu'elle lui profite? Je le crois, mais là n'est pas la question. Vous devez obéir en toutes choses à la loi générale, sans la discuter, qu'elle blesse ou qu'elle flatte votre intérêt. Chacun doit payer sa dette à sa manière, aussi bien l'intellectuel que l'artisan, payez la vôtre. Cultivez la droiture, l'honneur, la loyauté et la politesse, cette qualité si chrétienne qui implique l'oubli et le don de soi-même. D'autres vous diront qu'on arrive plus vite par l'égoïsme, l'intérêt, la ruse et la division, ne les écoutez pas, ne les imitez pas. Ils bâtiront peut-être plus vite que vous, mais leur édifice ne tiendra pas, et d'ailleurs vous seriez inhabile à construire comme eux. Soyez discret, oublieux de vous-même, ne donnez votre confiance qu'à quelques rares amis, n'exigez pas trop de reconnaissance, ne vous suscitez pas d'ennemis, mais ne les craignez pas. « N'apportez pas au bazar du monde ni aux spéculations de la politique des trésors, en échange desquels ils vous rendront de la verroterie. » Soyez indulgent. « Il est au fond de toutes les actions humaines un labyrinthe de raisons déterminantes desquelles Dieu s'est réservé le jugement définitif. » Vous n'éviterez pas les difficultés, des erreurs et des fautes, mais sachez ne donner jamais prise au ridicule et à la déconsidération. Créez-vous des relations c'est la moitié de la vie sociale, mais ne soyez le vassal d'aucune âme, ne relevez que de vous-même. Ne croyez pas à l'amour qui est passager, le véritable amour est éternel, infini, toujours semblable à lui-même.

Or, à plus de trente ans de distance, je relis ces pages dont j'avais gardé un souvenir à la fois tenace et effacé, et les conseils de l'héroïne de Balzac me paraissent refléter bien des vérités. Oui, la vie doit être sociale ; à vouloir s'isoler dans une tour d'ivoire, loin du temps où nous devons vivre, loin des hommes dont les défauts ne doivent pas nous faire oublier les nôtres, loin des affaires auxquelles le devoir nous commande de participer, on s'enorgueillit, on s'aigrit et l'on s'atrophie. Il faut agir et chercher à être utile, si peu que ce soit. « Quelque humble que soit le poème de ses jours, a écrit Arsène Houssaye, un maçon qui pose en aveugle sa pierre au monument est plus grand que l'architecte qui ne bâtit que des châteaux en Espagne. » Il est également vrai qu'il faille chercher avant tout le royaume de la droiture et celui de l'abnégation, le reste vient par surcroît. J'ai connu dans ma génération certains disciples féroces de Stendhal; ils espéraient tout de la force et se croyaient plus avisés que d'autres. Ils ont été les premiers abattus. Ils se glorifiaient d'être sans amis; ceux qui en avaient ont pu, à certaines heures, connaître des désillusions qui leur ont été épargnées, mais, en somme, ils ont eu la meilleure part; sûrement l'égoïsme rend plus malheureux que le dévouement. Ce témoignage de l'expérience a bien sa valeur.

Il en est d'autres.

Si, quand l'heure de la maturité a déjà bien sonné, on se demande quelles sont les grandes lois qui commandent à la vie et qu'on ne peut impunément transgresser, il en est une qui domine assurément les autres, c'est la loi du travail. Presque toute l'humanité, d'ailleurs, est contrainte d'y obéir, et, dans le nombre très restreint de ceux qui sont qualifiés de fortunés, les uns sont tout de même laborieux et les autres expient leur indolence dans le désordre, la neurasthénie ou l'implacable ennui. Une autre loi devrait aussi gouverner le monde : c'est la loi d'amour. Il y a deux mille ans que le christianisme l'a proclamée, mais l'infirmité humaine s'en accommode difficilement. Les religions elles-mêmes sont combatives, les peuples s'entre-tuent, les familles entretiennent la division, et ceux qui rêvent du grand soir ne reculent pas à la pensée d'en assurer l'avènement sur un horizon sanglant. Et cependant... chaque jour des actes d'amour embellissent le monde, des êtres s'unissent et se donnent leurs cœurs, des parents peinent avec joie pour leurs enfants, des vies se consacrent à la patrie et à la science, d'autres se vouent à l'apostolat et à la contemplation, des sacrifices se font dans la gloire de leur secret et des générosités s'exercent en face de chaque souffrance ; ce sont les illustrations du triste livre de la vie ; il y en a beaucoup plus qu'on ne le croit, et, de la lecture même des pages grises, on peut conclure que l'humanité est vaillante ; elle porte courageusement la vie qu'elle n'a pas demandée et s'en va d'une belle allure au-devant de la mort. Beaucoup regardent au delà de la tombe, et même la plupart de ceux qui n'ont pas d'espoir marchent comme s'ils en avaient un.

*
* *

Et maintenant, si, pour répondre à la dernière question de l'enquête, il faut donner quelques indications à la jeunesse, en s'autorisant de l'expérience de la maturité, il semble que ces conseils, s'il est permis d'en émettre, découlent des pages qui précèdent, sans qu'il soit besoin de les préciser.

Je les résumerai dans cette dernière adjuration de Mme de Mortsauf à son jeune ami : « *Veuillez donc*, votre avenir est dans ce seul mot. »

Il n'y a rien de mieux à dire à la jeunesse. Avec le bon sens, la volonté personnelle et tenace est la suprême qualité. Se commander, être maître de soi, être son roi est la plus grande jouissance de la vie. Souvent, sans

doute, on se trahit, on s'abandonne, on entre
en émeute contre soi-même, mais, s'il y a
lutte, il y a déjà un témoignage en faveur de
la volonté. On est sûr d'échapper aux veule-
ries qui déshonorent et aux tendances simies-
ques qui mettent les êtres à la merci des ver-
satilités des autres. J'ai toujours pensé qu'il
y aurait une intéressante étude à faire sur
« les singes », je veux dire sur ces excellents
amis que nous connaissons tous et qui ne
passent pas un jour sans emprunter une pensée, une mode, un tic, un ridicule et parfois
une vilenie à leurs voisins. A combien d'erreurs expose ce plagiat ; on ne saurait trop le
dire aux jeunes et leur promettre l'insuccès
certain réservé à la copie de « l'arrivé ». Ils
ne connaissent pas, en effet, ou ne veulent
pas rechercher les qualités secrètes de leur
héros, et leur imitation ne portant que sur
les vertus faciles ou même les défauts du
modèle, ils échouent où ils avaient espéré
réussir. Mais il est temps de s'arrêter ; ce
serait vraiment trop manquer d'expérience
que de croire à l'utilité et à l'agrément des
conseils. D'autre part, si la jeunesse n'était

pas audacieuse, impulsive et inconséquente, elle ne serait plus la jeunesse, et ce serait très dommage. Il nous a été seulement demandé dans cette enquête d'être des témoins et de dire ce que plus de cinquante années de vie nous ont fait voir. Nous avons témoigné. Après avoir fait sa déposition, comme on dit au palais, le témoin se retire.

II

LA GUERRE

8 août.

La guerre est déclarée.

M. de Schoen est parti. Il n'était que temps : sans doute, la France, respectueuse des coutumes et des devoirs diplomatiques. l'a fait accompagner à la frontière avec les égards dus à son rang, mais l'opinion commençait à s'énerver de la prolongation intolérable de son séjour à Paris, et, un soir, j'entendais signaler dans la foule la petite porte qui donne sur le quai accès à la terrasse de l'ambassade...

Le gouvernement allemand a fini par charger son ambassadeur de déclarer que, « désormais, il se considérait comme en état de guerre avec la France ». Admirable euphémisme ! Croit-on, par cette formule, échapper à la responsabilité d'avoir déchaîné l'horrible lutte ? L'Europe ne s'y est pas méprise, et les explications française et anglaise n'ont laissé sur ce point aucun doute. L'Allemagne dira-t-elle aussi que le Luxembourg et la Belgique l'ont provoquée, et pourra-t-elle trouver une excuse à l'odieuse violation des neutralités qu'elle s'était engagée à respecter ! O Bluntschli, ô Funck-Brentano, mes anciens maîtres dont les livres m'apprirent les principes du droit international, que penseriez-vous du triomphe de la barbarie, en ces jours de progrès ?

Voici donc la grande lutte ouverte sans qu'il reste aucun espoir de la conjurer. Nos fils, nos frères, nos amis, presque tous ceux que la cinquantaine n'a pas encore atteints sont sous les armes. C'est l'heure de refouler nos émotions et de demander aux femmes elles-mêmes de dominer la voix de leur cœur et de ne pas se laisser déprimer par la pensée que l'époux, que l'enfant sont en danger.

Le devoir envers la patrie, le sacrifice que nous rencontrons si souvent dans la poursuite du bien et dans le service de l'honneur doivent soutenir nos âmes et les mettre à ce niveau d'enthousiasme, de confiance et aussi de courageuse résignation qu'il faut atteindre pour vivre comme il convient dans ces terribles jours.

Les plus nobles exemples nous ont été donnés. J'ai vu, dans le peuple, des mères, retenant leurs sanglots, conduire leurs fils à la gare et leur plaquer un énergique baiser où l'on sentait toute la force de la race ; j'ai vu aussi de jeunes épouses, dont la muette douleur aggravait la beauté, tenir dans leur main, jusqu'au départ du train, la main de l'être aimé, puis s'en revenir avec un nuage dans les yeux après le dernier signe d'adieu.

Chères femmes ! Au lendemain de ces affreuses séparations, elles s'en vont à la Croix-Rouge travailler pour ceux qui seront frappés et réparer, autant que faire se peut, par leur œuvre pacifique, les destructions des luttes. Du moins, pourront-elles se dire qu'elles sont les auxiliaires de la Justice et que les blessures que leurs mains panseront bientôt n'ont pas été provoquées par la faute de leur pays, mais par la brutalité d'une nation incivilisable.

L'admirable message du Président de la République, interprète de l'unanimité du pays, a magnifiquement rendu ces sentiments, lorsqu'il a exprimé à nos troupes de terre et de mer la confiance de tous les Français. Quelle émotion, quelle union compacte dans le Parlement, quand le Lorrain a rappelé combien notre désir de la paix avait long-temps refoulé au fond de nos cœurs le désir des réparations légitimes, et lorsqu'il a fait ce noble appel au Droit dont les peuples, non plus que les individus, ne sauraient impuné-ment méconnaître l'éternelle puissance mo-rale! La Chambre entière s'est levée et, dans un élan indescriptible, s'est écriée avec le chef de l'Etat : « Haut les cœurs! Vive la France! »

Presqu'en même temps, on apprenait les lâches assassinats commis par les Prussiens en Alsace-Lorraine sur ceux qui paraissaient coupables d'avoir gardé la chaleur de leur cœur à la terre natale. Un prêtre, un gardien de tombes, sont des sublimes représentants d'idées dont la grandeur, et la spiritualité insaisissable ne peuvent qu'exaspérer le réalisme brutal d'une âme teutonne. Ah! ce n'est pas une Allemande qui pourrait penser et écrire ces admirables vers de la comtesse de Noailles :

Nous irons aujourd'hui parmi les tombes vertes
Où les croix ont l'éclat des mâts blancs dans les ports
Et nous suivrons, le cœur incliné vers les morts,
La route de l'orgueil qu'ils ont laissée ouverte.

Les barbares fusillent, mais n'intimideront personne. Nous ne cesserons de clamer bien haut nos sentiments franco-latins et antigermains, et tous ceux qui n'ont pu être incorporés, en raison de leur âge, pourront donner cependant contre l'ennemi héréditaire une somme d'efforts qui ne sera pas perdue. Si, à cette heure, chaque citoyen français de tout âge et de tout sexe déploye, dans les plus humbles comme dans les plus hautes fonctions, son maximum de forces, la victoire finale est assurée. Elle ira au peuple dont la vaillance morale et la ténacité seront au plus haut degré. Ces jours derniers, en passant la Seine et en contemplant, par la sérénité d'une nuit d'août, nos palais reflétés dans l'onde immobile, je pensais à ce propos du Kronprinz qui prétendait faire abreuver avant huit jours son cheval dans notre fleuve parisien! Le ciel a déjà châtié son arrogance, et il doit se rendre compte qu'avant d'arriver aux rives de l'Ile de France, il lui faudra saturer de sang son innocente bête.

Chaque jour nous apporte une preuve de plus que nous combattons autant pour la civilisation que pour la patrie. Nos ennemis tirent sur les civières, achèvent les blessés, fusillent les enfants, insultent les femmes, outragent les ambassadeurs, méconnaissent l'inviolabilité des parlementaires et recourent aux plus odieux mensonges pour justifier ces félonies. — C'est la culture allemande!

Mais aussi quelle réprobation dans toute l'Europe et quel renouvellement de saintes ardeurs chez les Français! Dans nos campagnes, nous savons que les cultivateurs, après avoir laissé dans les champs la récolte inachevée, sont partis généreusement, presque sans regrets, avides d'aller châtier l'insolent ennemi qui les guettait depuis Agadir.

A Paris, sans parler de tous ces groupes isolés que nous voyons chaque jour se rendre gaiement aux gares, nous avons été témoins du départ, musique en tête, du régiment de la Pépinière. Ah! quand l'avant-garde a quitté la caserne, quand, aux feux du soleil du soir, on a vu briller les baïonnettes et que les compagnies traversant la place et montant le boulevard Malesherbes, ont défilé derrière leur jeune colonel, au regard ferme et doux, quelle clameur, quel enthousiasme dans cette foule tassée sur la voie pour crier courage, confiance et sympathie ! On leur serrait les mains à ces enfants qui nous quittaient, et ils répondaient avec les yeux brillants : « A la semaine prochaine! » Et, en passant, ils nous regardaient comme presque étonnés des acclamations dont ils étaient l'objet, et ils regardaient aussi la douce Jeanne d'Arc qui, du geste de son épée, semblait leur dire : « Boutez-les dehors ».

Sur les marches de *Saint-Augustin*, je ne pouvais m'empêcher de songer au grand évéque d'Hippone, à l'homme d'action et d'amour à l'héritage duquel nos âmes puisent encore; ma prière et ma pensée montaient jusqu'à lui et je lui disais : « Grand patriote, sublime docteur, protégez-les, fortifiez-les ! »

Et les jours ont suivi, nous marchons avec nos frères d'armes de Russie et d'Angleterre, le peuple italien ne veut pas entrer en lutte contre nous, et la noble nation belge, envahie au mépris de tous les traités, a résisté victorieusement à Liége à l'ennemi commun. En même temps, nous entrions dans cette Alsace qui nous fut arrachée il y a plus de quarante ans. Paris en a appris la nouvelle en frémissant, et ceux que l'âge a déjà marqués ont senti passer dans leur cœur un sentiment dont la douceur est sans pareille, celui de connaître une joie qu'on n'espérait pas goûter avant de mourir.

———

III

A PARIS

22 août.

La seconde semaine a été très différente de la première.

Le soir, l'état de siège a fait de la capitale, après neuf heures, un grand chef-lieu de canton. Plus de débits, plus de cafés, plus de terrasses, plus de devantures. Sur les trottoirs, quelques piétons qui se montrent de plus en plus rares à mesure que l'aiguille marche, et, sur la chaussée, plus rien. Les avenues, les boulevards, comme des routes départementales, laissent voir de longues perspectives.

Tout cela est grave, recueilli, triste, mais convient à la situation. Personne ne se plaint : c'est l'unanimité dans la soumission, dans l'approbation ; à l'heure actuelle, on sent qu'il y a mille manières de témoigner son patriotisme, il ne faut en négliger aucune.

Dans la journée aussi, la physionomie de Paris a changé. Nous touchons à la fin de la mobilisation ; les officiers, les hommes rejoignant les gares se font plus rares. On a ce sentiment, et ce n'est pas le moins triste, que tout ce qui est force, jeunesse, ardeur, n'est plus dans la capitale. Comme pour nous raccrocher du moins à des symboles, les drapeaux se sont multipliés, et les flammes alliées brûlent sur les façades ensoleillées. Au début, ils semblaient surtout avoir été accrochés comme pavillons de défense par quelques antiquaires ou fourreurs au nom suspect ; mais maintenant le pavoisement, qui s'étend chaque jour, est la véritable expression de l'élan national, et, en vérité, nous devrions tous avoir à nos fenêtres les couleurs de nos amis mariées aux nôtres.

On ne fait plus queue devant les épiceries soit que chacun estime avoir accumulé des réserves suffisantes, soit aussi que la confiance ait mis un terme aux précautions excessives. Les approvisionnements se font normalement

et sans grande augmentation de prix ; le sel
seul se montre rare, et on ne le donne que
par petits paquets.

Ce qui manque surtout, ce sont les moyens
de communication, surtout à la fin du jour.
Plus d'autobus, de rares métros espacés, quelques fiacres que traînent des chevaux réformés, et aussi quelques taxi-autos qui ont
encore leurs chauffeurs. Cela complique un
peu les rapports, mais chacun se cantonne
dans la région de ses affaires ; on va à son
devoir comme on peut, et la vie se passe régu-
lière, lente, coupée par les nouvelles, avec un
peu d'anxiété et beaucoup de confiance. Jusqu'ici, les faux bruits, au moins ceux qui con-
cernent la guerre, ont été rares ; du reste, ils
n'auraient pas de crédit ; grâce aux heureuses précautions prises, on ne croit qu'aux
nouvelles qui ont la marque officielle.

Une seule question domine les autres et
reste encore douloureusement sans réponse.
Où sont les blessés ? Qui sont les morts ? On
nous a répondu de passer à la caserne de
Penthemont, et là nous avons rempli une
feuille dont on nous a laissé le talon. C'est

ce reçu de nos angoisses que nous devons
aller présenter dans la huitaine à notre mairie, et il nous sera donné une des trois réponses suivantes : « Le soldat X ne figure pas sur la liste des tués ou des blessés... Le soldat X est blessé... *Le soldat X est mort au champ d'honneur.* »

O pères, ô mères, ô amis, soyons braves, le 20, quand nous irons chercher notre feuille.

Un communiqué nous a assuré que, jusqu'à présent, il n'y a pas de blessés dans la capitale, et nous devons le croire. Mais tout nous dit qu'ils ne sont pas loin : ils arrivent ou du moins sont passés dans les environs. Les voitures battant pavillon de la Croix-Rouge sont plus nombreuses et circulent à toute vitesse à travers nos voies ; des camions passent, chargés de bonbonnes d'eau oxygénée ou de ballots d'ouate hydrophile ; sur la capote des fiacres, on voit transporter des petits lits de fer, et des charrettes à bras traînent des matelas. Ainsi, tandis que ceux qui sont à la frontière font à la capitale, cœur du pays, rempart de leurs corps, dans la grande cité tous les efforts sont donnés pour accomplir l'œuvre de réparation, et les femmes qui ne peuvent faire plus font presque plus qu'elles ne peuvent.

D'autre part, on ne songe pas seulement aux blessés, on s'inquiète aussi de ceux laissés sans ressources par tant de milliers d'hommes partis au combat. Des appels sont adressés à la générosité, et, quelles que soient les difficultés de l'heure présente, les dons en nature et aussi en argent arrivent pour les femmes et les enfants nécessiteux de nos soldats. C'est à qui s'ingéniera le mieux pour répondre aux multiples besoins. Les uns se proposent pour faire la correspondance des blessés, d'autres pour vêtir les convalescents ; on organise des cantines pour l'alimentation des petits et des ouvroirs pour la confection du linge, et, dans les quartiers populeux, où les besoins sont plus grands et les ressources plus minces, fidèles à leurs traditions, les sœurs de Saint-Vincent de Paul ouvrent des fourneaux et distribuent des soupes gratuites. Des syndicats assurent des bons de vivres aux femmes de leurs adhérents mobilisés ; c'est l'heure ou jamais de la mutualité. Elle s'exerce spontanément ; les châteaux, les hôtels privés, les salles de fêtes s'offrent aux ambulances. Les naïfs qui croient en Allemagne que nous avons la guerre sociale sont bien dupés : jamais les classes ne se sont plus rapprochées. On s'aborde, on s'épanche, on se renseigne à la moindre occasion. N'avons-nous pas tous un lien commun, le fils, les fils, qui sont à la frontière ? On se passe leurs lettres, et on se félicite réciproquement d'avoir des enfants si bien. Quelle courageuse insouciance, quel enthousiasme et quelle gaieté ! Mon cocher, ce matin, me montrait ces lignes de son second : « Cher papa, faut-il qu'ils soient dans la purée : ils ont mobilisé des gosses de dix-sept ans et des vieillards de soixante ans ! » Et la lettre avait aussi un post-scriptum : « Veillez bien sur Pauline. » Oui, chers conscrits, nous veillerons tous sur Pauline, afin que, quand vous reviendrez un peu pâlis sous les lauriers, mais plus vibrants encore d'amour et de jeunesse, vous retrouviez dans tout son éclat la fiancée ou l'épouse dont le devoir vous a séparés.

Vous la serrerez contre vous, comme cette blonde Alsacienne dont le dessin de Georges Scott nous a si gravement rendu l'ineffable abandon dans les bras du lieutenant vainqueur. A leurs pieds gît, renversé, brisé, le poteau frontière de l'Allemagne. *Deutsches Reich !*

Mais nous n'avons pas été réconfortés que par une gravure en ces derniers jours. Hier, la population parisienne a défilé devant le premier drapeau allemand capturé par nos troupes victorieuses. Avant de rejoindre nos glorieux trophées des Invalides, il a été hissé à la fenêtre centrale de l'hôtel du ministre de la Guerre et offert aux regards d'une foule calme, silencieuse et fière. Sûrement, elle pensait à son drapeau, à elle ; elle savait qu'elle voyait quelque chose de grand, presque comme un lambeau du cœur du pays oppresseur. Pour moi, l'avouerai-je ? je ne songeais pas tant à l'humiliation de nos ennemis qu'à la bravoure des héros encore inconnus qui nous donnaient le premier baiser de la gloire, et je me disais : Pour que cette aigle noire impérialement couronnée ait pu être arrachée à son régiment, que de généreux sang français a dû couler ! Et je me laissais presque aller à des pensées affaiblissantes, lorsque je fus remis à niveau en entendant, dans le peuple, ce cri d'une voix virile : « Ce ne sera pas le dernier ! »

LA MORT DU PAPE

L'Église est en deuil.

Son auguste chef vient de succomber. Le représentant de la paix sur la terre meurt au moment où le monde est déchiré par la guerre et absorbé par les plus angoissantes préoccupations. A cette heure cependant, tous les cœurs se tourneront avec recueillement vers le Vatican, et les chrétiens n'échapperont pas au regret que la plus grande force morale du monde, représentée par un saint vieillard mourant, ait été impuissante à empêcher un autre vieillard « d'ensanglanter sa vieillesse »

par le déchaînement d'une guerre européenne.

D'autres diront, plus tard, ce que furent les
onze années du règne de Pie X. On louera les
vertus ecclésiastiques du prêtre, la vie édi-
fiante et charitable de l'évêque, la popularité
du patriarche de Venise, « *il nostro sior
Beppo* », son absence d'ambition, sa simplicité, et enfin la volonté tenace avec laquelle
le Pontife s'attacha à la réforme intérieure de
l'Église et au maintien de l'intégrité de la doctrine.

A l'heure où le défunt, veillé par la garde
noble, est encore exposé dans la salle du trône
du Vatican, nous n'avons qu'à nous associer
à la piété filiale du peuple romain, qui va défiler devant le chef de la catholicité.

Avant de mourir, il a pu voir la cause de
la Justice et du Droit valeureusement défen-
due par la fille aînée de l'Église, celle que
l'illustre Léon XIII aimait à appeler « *nobilis-
sima Gallorum gens* ».

IV

LA FIN DE LA MOBILISATION
LES VOLONTAIRES ÉTRANGERS

29 août.

La semaine dernière a vu la fin de la mobilisation.

Avant le nouvel exode des Parisiens, les grandes gares de la capitale sont demeurées vides pendant quelques jours ; elles avaient aspiré cette jeunesse que nous avions vue accourir comme un torrent dans leurs larges avenues. On n'y voyait plus que quelques territoriaux attardés, la musette en bandoulière, qui rappliquaient par petits groupes ; autour d'eux des employés portant brassards et quelques voyageurs qui tentaient le départ. Des affiches l'autorisaient, mais permettaient loyalement tous les retards et arrêts possibles. C'est très naturel.

Un monsieur, qui ne s'est pas encore mis au niveau du moment, demande timidement :

— Ce train marche-t-il bien ?

— Vous pouvez [y aller sans crainte, répond d'une voix goguenarde l'employé.

On sait dans quelles parfaites conditions s'est opérée cette mobilisation. Sans doute, elle fut aussi bien conduite que préparée, mais elle a été aussi merveilleusement simplifiée par les hommes qui se sont mobilisés eux-mêmes, répondant *tous* à l'appel, le devançant, parfois télégraphiant de l'étranger quand ils avaient l'angoisse d'un retard même justifié. A plus de cent ans de distance, la patrie en danger a trouvé le même élan de ses enfants, et il est assuré que cette guerre nous donnera la victoire, parce qu'elle est *populaire*. On hésite presque à écrire ce mot, et cependant c'est le seul qui convienne à la défense d'un peuple pacifique, mais fier, qui entend riposter à l'attaque avec une ardeur d'autant plus grande que l'ennemi se déshonore par des cruautés que l'on croyait désormais inconnues des nations civilisées. Les *atrocités allemandes* sont aujourd'hui deux mots qui sont entrés dans la langue courante et qui survivront à la guerre. Jusque-là, ils exprimaient seulement le manque de goût et d'art d'un peuple qui ne met de *Delicatessen* que dans sa confiserie et dans sa charcuterie. Dorénavant, ils symboliseront les infamies que notre gouvernement a dénoncées à bon droit à la justice des puissances.

**

Tout se réglera plus tard. Il sera demandé un compte sévère à ceux qui ont piétiné nos blessés et les ont achevés à coups de talon, à ceux dont l'inhumanité s'est exercée de préférence sur les représentants de la faiblesse, femmes, vieillards et enfants, et même sur les religieuses infirmières! Pour l'instant, il répugne presque de raconter les supplices infligés par des officiers bourreaux et dont des témoins oculaires nous ont rapporté les horribles détails. De pareilles pratiques enlèvent à la guerre la part de noblesse qu'elle garde, malgré ses horreurs, et leur récit finirait par réveiller chez les vengeurs des victimes des passions bestiales et peut-être des fureurs de représailles indignes de nous.

Il suffit d'avoir allumé les saintes colères et aussi le mépris pour un ennemi qui fouille les cadavres, et, s'il est besoin, achève son adversaire pour le voler et lui enlève le porte-monnaie avec la vie! On se souvient de la rage que mirent les Prussiens en 1870 à emporter les pendules; rien ne les exaspérait plus que le rappel de cet exploit, lorsqu'aux jours de paix, ils s'essayaient à faire de la « coultoure ». Combien ce rapt d'horlogerie était innocent en comparaison du vandalisme d'aujourd'hui! C'est leur manière de progresser.

*
* *

Quels nobles exemples nous donnent, en revanche, les autres nations, et à quel point n'avons-nous pas été émus, ces jours derniers, a Paris, à la vue de ces milliers de volontaires étrangers qui demandaient à servir sous notre drapeau contre l'ennemi commun, et à témoigner leur gratitude et leur amour pour la nation dont l'hospitalité leur était chère ! Un Danois résumait devant moi la situation : « Nous marchons, disait-il, contre l'Allemand que nous détestons tous » ; et comme je demandais à un Espagnol jusqu'à quel âge on les prenait : « Pas après cent ans », me répondit-il. Et, en effet, ils étaient là de tout âge, sur l'esplanade des Invalides, groupés autour de leur drapeau, les yeux brillants de désir, et voilés de larmes chez ceux qui n'avaient pas été pris. Pourquoi, à ce spectacle, le nom de Babel me revint-il à l'esprit : est-ce à cause de la lettre de Guillaume II à Hollmann interprétant à sa manière l'étude de Delitsch sur *Babel et la Bible ;* n'est-ce pas plutôt parce que, en entendant ces Polonais, ces Russes, ces Tchèques, ces Hellènes, ces Italiens, ces Suédois et tant d'autres, exprimer en français leur communauté de sentiments, j'étais profondément remué de voir l'union dans le Droit et la Justice engendrer la cessation de la *confusion ?...* Et je me disais : Est-ce à Berlin que qua-

rante mille étrangers demandent à soutenir
la cause de l'Allemagne?

A cet hôtel des Invalides où l'on venait
d'accrocher le premier drapeau pris à l'ennemi, s'engageaient aussi, cette semaine, les
jeunes Français qui n'avaient pas encore atteint l'âge d'être soldats, c'est-à-dire des enfants de 19, de 18, et même de 17 ans! Et à
eux se joignaient les réformés qui essayaient
de courir encore une fois la chance d'être
pris. J'ai rencontré deux frères dans ce cas.
« Je suis pris », m'a dit l'un ; « Pas moi »,
m'a dit l'autre. Et ce fut tout. Et j'admirai
cette simplicité sans phrases. Ils s'étaient
offerts, l'un et l'autre, et s'en allaient ensuite,
chacun à leur devoir.

La simplicité comme la soumission doivent
être les grandes vertus du moment. Elles sont,
si l'on peut dire, les ailes du dévouement ;
sans leur secours, il serait sans effet. Rue
Récamier, toutes les bonnes volontés se mettent en commun pour assurer l'heureuse assistance du *Comité de secours national.* D'anciens diplomates et des agrégés de l'Université
y font fonction de scribes, heureux de don-

ner un peu d'eux-mêmes à la chose publique, et c'est grâce à cette solidarité dans les offrandes et dans la coopération que notre éminent confrère, M. Hanotaux, pouvait écrire, ces jours derniers, que 80.000 repas gratuits étaient déjà distribués chaque jour à Paris.

***

Soyons soumis autant que dévoués. Je dis cela pour ceux qui sont en mal de curiosité, ah ! certes, curiosité bien légitime et qu'aiguise le souci patriotique ; mais c'est précisément ce souci qui doit la refouler. Nous voudrions, à toute heure du jour, savoir ce qui se passe sur le front des armées, depuis Maubeuge jusqu'à Belfort ; nous demandons des faits, des noms et des dates. Et après ? Serons-nous bien avancés d'être renseignés deux jours plus tôt si cette divulgation a été nuisible au pays ? Eh quoi ? Nos enfants qui exposent leur vie aux avant-postes et qui nous font un rempart de leurs poitrines ne savent rien du résultat de leur action, et, pour satisfaire notre nervosité, nous prétendrions être mieux traités qu'eux?

Non, contentons-nous des communiqués officiels. Pourraient-ils être mieux rédigés? Peut-être. Mais, puisqu'il est convenu que par devoir patriotique et par observance de la discipline nous faisons crédit à tant de choses, faisons-le généreusement, et surtout, demeurons calmes, patients, confiants et opiniâtres.

V

SANG-FROID

5 septembre.

Pour bien comprendre les impressions de cette semaine, il faut remonter en arrière.

Dès que la guerre fut déclarée, la confiance fut donnée au pays par l'adhésion de l'opinion publique, l'élan des appelés et le puissant appui de nos alliés. Elle s'accrut du concours apporté par la noble nation belge dont le sang versé pour le Droit a mérité notre éternelle gratitude et aussi, disons-le, par l'attitude de l'Italie, qui voulut se désolidariser d'une offensive coupable et refusa de marcher contre la nation à laquelle la rattachaient tant d'affinités et tant de souvenirs.

Dès les premiers jours des engagements, l'ennemi se heurta à la valeureuse opposition des armées belges, et d'autre part, au prix des plus sanglants sacrifices, nos troupes entrèrent en Alsace, dont depuis quarante-quatre ans les soldats français n'avaient plus foulé le sol. La France tressaillit, et les hommes mûrs eurent le bonheur, inouï dans une vie, de ressentir, avant de la terminer, l'allégresse d'un sentiment encore inéprouvé. Les cœurs se gonflèrent d'un tel espoir et les esprits s'élevèrent si haut que le sentiment national l'emporta sur le sentiment familial et que le sacrifice de tant de vies chéries se fit dans le secret des âmes en voyant la Fortune prête à effacer la mutilation de la patrie. De la réalité on passa aux rêves ; d'Altkirch, nous avions été à Mulhouse, de Mulhouse nous nous voyions déjà à Colmar, puis nous prenions ou nous contournions Strasbourg, et de là nous marchions vers le Nord au devant de nos amis les Russes qui, d'un pas décidé, avaient déjà envahi la Prusse orientale.

Mais l'armée allemande continuait aussi sa marche. Elle s'aiguillait en masse vers le nord-ouest ; elle traversait la Meuse, la concentration se faisait en Belgique et le grand champ de bataille, non le « champ pacifique entre Allemands et Belges » proclamé et promis en 1910 par Guillaume II au pays neutre, mais le champ meurtrier, se dessinait entre Mons et Namur. La première grande bataille eut lieu le 24 août, et le lendemain nous apprîmes que notre offensive générale n'avait pu percer les lignes allemandes, que nos troupes s'étaient repliées sur leurs emplacements de couverture, et que celles que nous avions en Alsace l'évacuaient pour renforcer nos lignes du Nord. Et l'on disait aussi que des éléments de cavalerie allemande avaient pénétré dans la région de Roubaix et de Tourcoing... Alors, il faut bien le dire, dans Paris, en même temps qu'un ciel gris couvrait la capitale, un nuage passa sur les âmes, et l'on put lire sur le front de chacun les sentiments auxquels on n'échappait pas. Les espoirs trop prompts, entretenus par des communiqués maladroits, s'éteignirent, et une réaction regrettable se fit sentir chez les meilleurs.

Ils doutèrent. Mais tandis que les uns se ressaisirent et comprirent qu'il fallait appren-

dre à être sages et à vivre de raisons, tandis
qu'ils n'écoutèrent que les lettres reçues de
leurs enfants, leur racontant les héroïques
efforts déployés par nos armées pour arrêter
un ennemi écrasant, d'autres se soulagèrent
en critiques, en récriminations et en conseils
superflus. Les plus lâches se voilèrent la face
et déclarèrent que tout était fini. On prétend
même qu'un personnage officiel dit à haute
voix au restaurant : « Nous sommes f... » Et,
pendant ce temps, nos soldats continuaient
de se battre, ceux qui tombaient étaient rem-
placés par d'autres, et la frontière était dé-
fendue pied à pied. Quand on y songe, on a
honte d'une pareille pusillanimité chez certains, d'autant plus qu'elle n'existe pas chez
le peuple et que, parmi ceux qui restent
inemployés, le seul sentiment de mécontente-
ment qu'on pouvait encore rencontrer hier,
c'était de ne pas être appelés ou rappelés.
C'est dans ces masses vaillantes qui sont le
cœur du pays qu'il faut chercher la vérité et
la croyance à la victoire. Arrière les entraî-
neurs d'épouvante, les gens doctes qui ho-
chent la tête et les bien renseignés qui, sur

le coup de cinq heures, se font les messagers
de fausses nouvelles. Il s'est commis des fautes
anciennes et récentes, et nous ne l'ignorons
pas ; il y a péril, et nous le savons. Mais aussi,
sans même parler de nos alliés dont l'inap-
préciable et valeureux concours nous fortifie
autant qu'il démoralise notre ennemi, il y a
encore dans notre pays des forces inépuisées
et inépuisables pour résister à un envahisseur
déjà diminué par son maximum d'efforts.
Paris et le reste de la France se défendront
avec la ténacité que l'adversaire redoute, et
c'est là que pourront enfin se dépenser ceux
qui n'ont pas eu la gloire d'aller à la frontière.

Il faut que les Russes se réconfortent de
notre concours comme nous du leur et que,
pendant que nous disons : « Ils avancent »,
ils se disent : « Ils tiennent ».

Au gouvernement ont été placés des hommes qui auraient dû y être mis dès le début
de la guerre, mais qui prennent encore à
temps en main la direction des affaires. Tous
les bons Français leur font confiance et, sur
ce point, à Paris, l'union des partis est com-

plète, comme elle l'est aussi dans tous les comités et organisations de secours. Nous voulons espérer que, devant la menace de l'ennemi, la même union nationale s'affirme dans nos départements, que, dans nos cantons et dans nos communes, l'odieuse politique a disparu, que les étiquettes ont été arrachées et les questions de personnes oubliées, que les mémoires ne sont plus impeccables, et que les comités ne s'activent que pour la défense et l'assistance. O maires, curés, instituteurs, appariteurs et délégués cantonaux, fonctionnaires, châtelains, indigents, ouvriers et cultivateurs, travaillons tous ensemble pour la France ; le salut de notre pays en dépend, le sang même de nos enfants sera économisé de cette union dans l'effort patriotique. La Province, autant que Paris, peut, à l'heure actuelle, conjurer ce péril, et le rôle du ministre de l'Intérieur est presque à l'égal de celui des Affaires étrangères et de la Guerre, de même que les préfets ont des responsabilités presque aussi grandes que celles des généraux. Nul n'ignore qu'il y a eu des défaillances dans notre administration. Il nous faut

plus qu'une circulaire pour en éviter le
retour. Nous demandons des préfets. nous
demandons un ministre de l'Intérieur dont
l'énergie donne la confiance qui engendre
l'énergie.

**

BENOIT XV

La France saluera avec joie l'avènement au
Pontificat du cardinal della Chiesa.

Assurément, tous les enfants de la fille
aînée de l'Eglise se seraient inclinés avec une
piété filiale devant tout élu du Conclave.
mais il leur est cependant permis d'apprécier
la douceur d'une allégresse complète, à la
pensée que le nouveau pape fut, de tout
temps, l'ami dévoué et éclairé de la France.

Confident intime du vénéré cardinal Rampolla, dont il fut, pendant vingt ans, le collaborateur à la nonciature de Madrid et à la
Secrétairerie d'État, fidèle interprète des pensées de Léon XIII qui mourut en disant :
« J'aimerai la France jusqu'à mon dernier

soupir », il n'ignore rien de notre pays, ni la dignité de son clergé, ni le dévouement de ses missions, ni l'épanouissement de ses œuvres, ni la science de ses docteurs, ni aussi les à-coups de sa politique, les écarts et les retours d'un peuple impétueux, suscepti- ble et généreux.

Je l'ai connu quand il était *minutante* puis substitut à la Secrétairerie d'Etat, encore tout jeune, travailleur, actif, toujours accueillant. Je vois encore ses yeux brillants et compré- hensifs qui animaient sa physionomie ascéti- que et donnaient le sentiment qu'il entrait tout de suite en communication avec son interlocuteur.

Plutôt réservé, mais aussi très confiant quand il sentait pouvoir s'abandonner, il ins- pirait toujours la sécurité dans les rapports. Maniant avec aisance la langue française, il s'intéressait à tout ce qui concerne notre pays, et non seulement aux questions diplo- matiques et religieuses, mais à la vie sociale, administrative et municipale de la France et à ceux de nos compatriotes qui y jouaient leur rôle. Sa mémoire, comme celle du cardi-

nal Rampolla, et surtout comme celle de
Léon XIII, était impeccable.

Il souffrit de la séparation, de la rupture
des relations et des jugements sévères qui
furent portés au dehors sur notre pays qu'il
aimait et pour la grandeur duquel il avait
travaillé en cherchant avec ses augustes
chefs à étendre l'expansion de sa force morale.
Qu'aujourd'hui du moins le nouveau Pontife
soit récompensé de son ancienne et conti-
nuelle sympathie en pensant que la France
acclame son élection! La France! à cette
heure, il la voit arrosée du sang de ses
enfants, tragiquement éclairée par les flammes de ses basiliques incendiées par des
mains impies, mais défendant la civilisation,
la justice, le droit, la sainte liberté des
citoyens qui voulaient rester pacifiques, et
recommençant, avec ses valeureux alliés, la
croisade contre la barbarie et contre le crois-
sant.

Quand on songe qu'à ce moment le faux
patriarche de Vienne et le pieux clown de
Berlin invoquent pharisaïquement le Dieu de
bonté et de pitié pour qu'il donne le succès à

la guerre d'ambition qu'ils ont provoquée, les catholiques français aimeront à mettre leur confiance en Benoît XV, le représentant désarmé de l'Esprit qui, sûrement, agenouillé dans sa haute chambre du Vatican, prie pour la paix du monde et pour le triomphe du juste.

« *Cum his qui oderunt pacem, eram pacificus.* »

VI

LES TAUBEN

12 septembre.

Le gouvernement a cru devoir quitter Paris et transférer provisoirement le siège des pouvoirs publics à Bordeaux. Une proclamation nous a fait connaître « cette décision douloureuse » et nous a exposé que, « pour donner à la lutte tout son élan et toute son efficacité, il était indispensable qu'il demeure libre d'agir ». Fidèles à la discipline et au loyalisme que tout bon citoyen doit observer dans ces jours graves, les Parisiens se sont inclinés sans commentaires devant cette décision qu'ils n'ont connue du reste qu'après son exécution. Tout s'est bien passé, le départ et le post-départ, car, sans vouloir désobliger personne, il est permis d'affirmer

que, si l'arrivée à Bordeaux du gouvernement et des élus du peuple qui l'ont suivi à
dû forcément faire sensation, leur départ et
leur absence de Paris ont passé tout à fait
inaperçus. En revanche, le sobre et énergique
communiqué du général Galliéni, affiché sur
les murs de la capitale, a retenti comme un
coup de clairon et a renforcé, s'il était possible, la confiance des Parisiens. Il n'est pas un
de nous qui ne veuille donner à notre gouverneur son effort le plus humble, mais aussi
le plus entier, pour défendre la cité contre
l'envahisseur.

Paris s'est bien vidé, car il s'est trouvé un
nombre considérable de gens qui ont estimé
que leur devoir leur commandait de suivre
le gouvernement dans son exode ; enfin,
d'autres, sur lesquels on ne pensait pas que
l'ennemi dût porter si vite son attention, sont
également partis pour ne pas servir d'otages.

Nous leur souhaitons bon voyage, et nous
en avons vus partir beaucoup sans regrets.
C'étaient eux qui, sur le coup de cinq heures,
vous abordaient mystérieusement et vous
glissaient à l'oreille : — J'ai de très mauvai-

ses nouvelles. — Lesquelles? — Très mauvaises. — D'où les tenez-vous? — D'une source très sûre. — Et ils disparaissaient, sans en dire davantage. A côté de ces excellentes gens un peu craintifs et très crédules, il y avait aussi les espions, semeurs de panique. Un petit sac de voyage à la main, ils avaient l'air d'arriver du train et vous contaient, dans leurs horribles détails, les incendies, meurtres et viols auxquels ils avaient assisté. Bien vite ils groupaient une cinquantaine de badauds qui les écoutaient avec inquiétude et méfiance, mais n'en répétaient pas moins, en les déformant encore, les récits entendus.

Puis, sans qu'on sût d'où elles émanaient, les nouvelles les plus sensationnelles circulaient. On a trouvé le moyen d'enflammer l'Oise avec du naphte; ils sont à Saint-Denis... n'entendez-vous pas le canon? Du reste, le Vésinet vient d'être évacué. On a élu un pape de 90 ans! Trois grands personnages sont sous les verrous. Mon fils a vu des uhlans à la porte Dauphine... La paix va être signée, etc... Et sur le devant de leurs boutiques et de leurs portes, les petits commerçants, les concierges, commentent ces propos avec les passants. Cela est inoffensif, je dirai même : cela est nécessaire. Dans ces jours d'émotion et d'énervement où forcément le peuple chôme un peu, où il songe et où il attend, il faut un aliment à sa pensée, et il lui est donné par ces vagues nouvelles auxquelles il ne croit pas beaucoup mais sur lesquelles il discourt. C'est la légende, elle est et elle a été de tous les temps, elle passe toujours à côté de la vérité, mais elle est habillée et très bien habillée; il importe seulement de veiller à ce qu'elle ne soit pas déprimante; cela est rare, elle demeure généralement la bonne fille de l'imagination et n'engendre... que des illusions. D'autre part, le peuple de Paris fut bientôt le témoin de réalités; les yeux virent vraiment quelque chose, les cœurs participèrent à un peu d'action avec l'arrivée des avions allemands.

Le premier jour où le *Taube* parut, il y eut certainement un peu d'étonnement et même d'effarement, puis on s'habitua à cette visite avec intérêt, je dirai même avec passion, si

bien que depuis qu'on en est privé, il semble
qu'il manque quelque chose. La population
très badaude, comme on le sait, brave et
insouciante, commençait à regarder en l'air
sur le coup de cinq heures, un peu dépitée
d'abord de ne rien voir, mais, dès que, dans
la splendeur du ciel, apparaissait le biplan
ennemi, traînant après lui comme une comète
une sorte de queue lumineuse, et bourdon-
nant comme un frelon, alors c'étaient des
exclamations, des cris mélangés qui redou-
blaient avec les décharges de mousqueterie et
la chasse qui était faite à l'adversaire par les
avions français. On se passait les jumelles,
on s'interpellait familièrement, on ne ména-
geait pas ses expressions : « Ah ! le c...., on
va le pincer ; il sera sûrement pris à sa sortie de Paris », et personne ne bougeait,
même lorsque l'avion glissait bien haut au-
dessus des têtes et qu'on pouvait voir le petit
sac destiné à semer la graine mortelle. Ah !
le brave peuple de Paris ! qu'on est heureux
de ne pas être allé s'agiter dans le vide, à
Bordeaux, avec tant d'inutiles, et combien
l'on souhaiterait qu'il y ait un peu de vie

municipale dans la capitale et qu'on pût entrer en contact plus intime avec l'âme populaire !

Très sagement, M. Adrien Mithouard, président du Conseil municipal, a rappelé à la population que Paris est un camp retranché où il importe de ne pas garder de bouches inutiles, et il a donné le conseil à tous ceux qui ont en province des parents ou amis, d'y envoyer leurs femmes et leurs enfants. Les Teutons ne pourront pas entrer à Paris, c'est une conviction qui s'accroît chaque jour; mais quand on a charge d'âmes, il faut raisonner au pire, et prévoir que, si cette invasion avait lieu, même sans que le succès final en fût compromis, le choc serait formidable. Il est donc inutile d'y exposer ceux que leur devoir ne retient pas dans la capitale ou même appelle au dehors. On doit leur dire de partir et ils doivent partir.

Mais quant à ceux qui sont retenus à Paris par leurs obligations ou qui se refusent à quitter la cité chérie, protégée par Geneviève contre les Huns, que tous ceux-là ne forment plus désormais qu'une seule famille. A côté de notre armée, avec elle, défendons notre cité par tous les moyens possibles. Donnons notre concours et élevons les cœurs. Que l'on ne s'inquiète pas de la misère, ceux qui auront plus donneront à ceux qui auront moins. Que l'on ne s'inquiète pas de la maladie, elle est aussi bien au dehors qu'au dedans, et elle aura plus que jamais les secours de l'assistance privée et publique. Et surtout que l'on ne s'inquiète pas de la défense, elle est entre les mains de forces supérieures commandées par un vaillant chef qui a promis aux habitants de Paris de tenir jusqu'au bout et qui a fait ses preuves d'énergie et d'expérience au Tonkin, au Sénégal et à Madagascar. Enfin, ne nous inquiétons pas de notre vie, elle est chaque jour à la merci de mille circonstances qui la mettent, même en temps de paix, en fragilité à tout moment, et si, au lieu de succomber bêtement d'une intoxication quelconque, il nous est donné de mourir pour la cité, ce sera pour nos enfants un accroissement dans l'héritage familial.

*
* *

A GENEVIÈVE, PATRONNE DE PARIS

Nous sommes en 451. Attila est le roi des Huns. Ce sont des barbares d'origine asiatique qui, toujours, ont marché vers l'ouest, pour faire leur proie de l'Occident. La politique d'Attila est de conquérir d'abord les peuples par la terreur et d'ébranler les âmes avant de détruire les corps. Il aime à verser le sang, mais il a plus encore la passion de la domination, il se croit l'appelé de Dieu, et l'on dit que chez lui la justice et la piété alternent avec la violence et la ruse. Il est insolent et menteur, et il aime tant la dévastation qu'il se vante d'empêcher l'herbe de pousser, là où le pied de son cheval a passé. Les armes de ses hommes sont le plus meurtrières possible, il jette sur l'ennemi ses bandes, qui poussent des cris de bêtes fauves, et il les entraîne à la cruauté.

Il veut conquérir la Gaule et aussi l'Italie et il a, naturellement, le souci d'écraser la civilisation romaine et d'aller porter secours, dans le Midi, au roi des Vandales.

Il passe le Rhin. La noble ville de Metz veut l'arrêter ; le fléau de Dieu l'incendie le samedi saint, et les historiens nous racontent qu'il massacra les habitants et poursuivit sa route, précédé par l'épouvante. De Metz, il entend se diriger vers Orléans. Sûrement ses hordes, composées de plus d'un million d'hommes, n'épargneront pas Paris, ville déjà riche et siège d'un gouvernement. La cité a déjà été envahie et massacrée quarante ans plus tôt. Elle se rappelle avec terreur les cruautés commises. Aussi les gens prudents conseillent l'exode ; on abandonnera la ville ; les barques sont envahies et les fugitifs s'apprêtent à descendre le cours de la Seine ; c'est la fin de Paris.

Mais, dans le désarroi général, une jeune fille de vingt-huit ans reste calme et confiante : c'est Geneviève, la vierge de Nanterre qui, depuis sa plus tendre jeunesse, s'est consacrée au soin des indigents de Lutèce. Nouvelle Judith, elle s'emploie, par ses prières et ses exhortations, à rendre la confiance au peuple démoralisé. Elle a la foi, la pureté, l'ascétisme, la charité, l'amour de la patrie, tout ce qui constitue les forces humaines et surhumaines, pour dominer les foules et les convaincre. Elle s'adresse aux femmes d'abord, puis aux hommes, elle rencontre les oppositions toujours faites aux grandes œuvres, elle va échouer, sa vie même est en danger, mais sa ferme douceur ne faiblit pas ; un courageux et saint ami prend sa défense, et, avec la mobilité propre aux foules et à notre race, les cœurs sont retournés, on ne voit plus en elle la prophétesse folle et la vierge traîtresse, mais l'envoyée de la Providence, dont tous les bienfaits reviennent à la mémoire. On l'écoutera, on se ressaisira, on priera, on ne partira pas et l'on défendra ses foyers.

Et voici qu'Attila se détourna de Paris, il se replia sur Reims, et Paris n'eut rien à souffrir des Barbares.

De même à Orléans, saint Aignan soutint le courage des assiégés jusqu'au moment où Aétius, accourant avec les aigles romaines, put libérer la ville ; de même à Troyes, saint Loup se mit entre le chef barbare et la ville sans défense et fut emmené en otage.

Enfin, les Huns, refoulés de Paris et des villes qui formaient sa ceinture, arrivèrent dans les plaines voisines de Châlons-sur-Marne. Aétius et Mérovée, Romains et Francs atteignirent les Germains dans les Champs Catalauniques, où la bataille fut atroce, multiple et acharnée, mais où finalement le fléau de Dieu fut vaincu et à jamais chassé de la Gaule.

O Geneviève, patronne, protectrice et libératrice de Paris, ô sainte femme, dont l'histoire a sacré la mémoire et que Puvis de Chavannes nous a montrée veillant sur notre ville ensevelie dans la nuit, les mêmes temps sont revenus, gardez-nous votre amitié tutélaire, écartez de Paris ces Huns que les siècles n'ont pas civilisés ; peut-être qu'en souvenir de votre protection, votre nom sera rendu au temple qu'éclaire encore votre image; je viens de voir votre châsse, suivie par le peuple, timidement portée au dehors du parvis de votre demeure ; un jour viendra où les Parisiens, reconnaissants, la suivront, promenée en triomphe sur la colline qui est la vôtre.

VII

CONFIANCE

19 septembre.

M. le sénateur Paul Strauss a bien interprété les sentiments des Parisiens, lorsqu'il a écrit qu'un lien tendre et fort unissait tous ceux et toutes celles qu'un autre devoir n'a pas obligés de quitter Paris. Il n'a pas voulu diminuer la sérénité de cette pensée en faisant la moindre allusion à ceux qu'un devoir n'obligeait pas de quitter Paris, et il a bien fait. Nous sommes à une heure où il ne doit y avoir place pour aucun sentiment discordant; nous n'avons qu'une cible : l'ennemi, nous ne connaissons qu'un lien : la patrie. Tous nos efforts doivent tendre contre et en faveur de ces deux groupes. Mais il est bien permis à ceux qui ont voulu demeurer

dans la capitale aimée, dans la cité qui est à
la fois notre cœur et notre gloire et en quelque sorte la personnification de la France, de
se serrer plus étroitement les uns contre les
autres, de mieux se pénétrer et de mieux se
connaître, de discipliner et d'unir la variété
de leurs efforts pour arriver aux meilleurs des
résultats.

Il y a déjà quelques jours, rue de Château-
dun, en sortant du syndicat de la Presse, j'ai
entendu à Paris le son du canon. Il était
lointain sans doute, mais il était aussi bien
rapproché, puisque sa voix arrivait jusqu'à
nous. Elle disait : « Je suis le meurtre »,
et, en effet, en même temps, je voyais la
réquisition des taxi-autos que l'on envoyait
au Raincy pour les mettre à la disposition des
ambulances ; mais elle disait aussi : « Je suis
la défense », et, à cette minute où l'action
parlait si haut, j'ai compris mieux encore
tous les devoirs qui incombaient à ceux qui
restaient, en faveur des frères qui luttaient
si près de nous et allaient écarter l'ennemi.
Et le soir, quand j'ai traversé la place, j'allais
dire la plaine de la Concorde enténébrée, que

j'ai vu la Seine rouler ses flots noirs à peine éclairés par le disque lunaire, que j'ai entrevu le Palais-Bourbon comme l'ombre d'un vieux temple abandonné et devenu inutile, j'ai senti encore plus cruellement la guerre à nos portes, l'horrible et sublime chose, créatrice de tant de sacrifices et de tant d'héroïsmes. Il paraît que, dans certaines villes du Midi aussi patriotiques assurément que la nôtre, mais plus éloignées du théâtre de la guerre et plus près de celui de la politique, le spectacle est plus bruyant et moins poignant. — Combien certains préfèrent être restés dans le cadre qui convient le mieux à la gravité de leurs pensées !

Les angoisses viennent, elles augmentent et elles tendent les énergies, mais quand elles se dissipent, quelle douceur ! Le canon ne tonne plus, ou du moins on ne l'entend plus parce qu'il a repoussé l'ennemi et s'est éloigné avec lui. Oh ! qui dira l'allégresse de ce soir où, pour la première fois, le communiqué officiel apprit aux Parisiens nos progrès à notre gauche, à notre centre et à notre droite ? C'était précisément le jour où la châsse de la patronne de Paris avait été sortie de son église et présentée au grand air de la capitale, suivie au dedans et accueillie au dehors par un peuple suppliant et confiant. Et quand j'entendais chanter le verset de l'Écriture : *Fiat pax in virtute tua*, j'admirais la merveilleuse précision de la liturgie qui ne veut la paix que dans le courage. Aussi quel réconfort ont éprouvé les bons citoyens lorsque, après l'échec d'indignes chantages que l'on contera plus tard, ils ont connu l'engagement formel de la France, de l'Angleterre et de la Russie de ne pas faire de paix séparée !

Cette loyauté, cette union, ces succès croissants, la force qui s'en dégage, donnent à la capitale une confiance sans pareille. Elle en a besoin dans son recueillement, car il est bon qu'on le sache au dehors, Paris est grave et recueilli. Ce ne sont pas seulement les théâtres qui sont fermés, les toilettes parisiennes qui se sont éclipsées, la rue de la Paix qui s'est vidée et le bois de Boulogne qui a été abandonné aux ruminants, c'est *tout* qui a cessé. Fermé le petit fleuriste où on ne peut plus

trouver même l'humble reine-marguerite de
la saison, fermé le coiffeur encore entr'ouvert
après la mobilisation et dont la classe 1895 a
rappelé le dernier garçon, fermé le restaurant où l'on rencontrait encore quelques amis,
fermés tous les guichets des maisons de ban-
que, fermés les ministères où une ombre de
chef dirige encore dans un coin réservé quelques ombres d'employés, fermées certaines œuvres créées pour la guerre et dont les titulaires
et sous-titulaires se sont évanouis ? Et si l'on
questionne : « Les services ne sont plus ici »,
nous répond-on. Et les gens philosophes ne
s'étonnent pas trop, sauf cependant devant un
bureau, celui qui doit nous donner des renseignements sur nos enfants appelés sous les
drapeaux. Etait-il donc vraiment indispensable que ce service ne restât pas à Paris ?

En attendant, des mères, que ne consolent
pas les promesses des communiqués officiels,
pleurent de rester sans nouvelles de leurs enfants ; j'ai vu l'autre jour, devant les employés silencieux, une malheureuse ouvrière
qui se tordait les mains de désespoir et qui
enviait sa voisine à laquelle la feuille jaune

annonçait que son fils était « présumé » en bonne santé ! — Je trouve pour ma part aussi déplorable que nos lettres n'arrivent pas à nos enfants. Est-ce que les quelques paroles que nous leur adressons sur une carte ouverte peuvent être compromettantes ? N'a-vous-nous pas assez le souci de nos devoirs paternels et nationaux pour ne leur dire que des choses encourageantes et propres à accroî-tre dans leurs âmes leurs généreuses ardeurs, car, le plus souvent, ils ne savent rien, et, en ces jours, quel inconvénient y a-t-il à leur dire que nous marchons vers la victoire ? Eh oui, ce mot, pour la première fois, a pu être pro-noncé. Ah ! quelle joie on a à le mettre sur le papier ! Elle continuera à éclairer nos re-gards, cette victoire méthodique et admira-ble, et même, si les alternatives de la guerre éclipsent certains jours sa vision, nous som-mes convaincus que nous la reverrons parce que nous savons qu'elle est. Paris, qui a senti de si près l'invasion et qui, depuis quinze jours, se préparait avec une telle énergie à la défense, a, comme toutes les autres villes me-nacées, mieux communié avec le succès de nos soldats. N'oublions pas que si les trains et les voitures ont emporté si précipitamment tant de nos compatriotes, il en reste encore plus de deux millions, ce qui est un chiffre respectable. Ceux-là, il faut les voir non dans les quartiers du centre ou des Champs-Élysées, où les appartements sont fermés comme des ministères, mais dans les faubourgs, à Belleville, à Plaisance, à la Villette. Rien n'y est changé, oui les combattants sont partis, mais les femmes, les vieillards et les enfants sont demeurés; ils vaquent avec vaillance et confiance à leurs obligations, et les petites boutiques sont restées ouvertes, car il faut vivre. Sans doute ces Parisiens sont davantage dans la gêne, malgré la sérieuse organisation des secours, sans doute ils ont aussi des angoisses, mais ils sont « braves », comme dit le peuple, dans la complète acception du mot. Cela, c'est Paris.

Ce qui était aussi Paris, c'était la place du parvis Notre-Dame, dimanche dernier, lorsque plus de vingt mille personnes, attendant ceux qui remplissaient l'église et en sortaient en procession, s'appelaient par la voix des

cantiques et se répondaient par le verset des
psaumes. Quelle majesté dans le spectacle,
quand l'on vit passer, portées par des soldats,
suivies par des blessés, les images ou les reliques des patrons de la France et de la capitale! Saint Denis, apôtre de Paris, saint Remi,
qui a baptisé la France, saint Louis, « vaillant dans la guerre et juste dans la paix »,
saint Vincent de Paul, père des pauvres,
Jeanne d'Arc, libératrice de la Patrie! Quelle
émotion inaccoutumée lorsque les trois portes
de la cathédrale s'ouvrirent, que la procession
sortit et que sur une estrade improvisée apparut dans sa pourpre le cardinal de Paris !
Il harangua la foule, pria avec elle pour nos
armées et, devant la place noire de monde,
le pont d'Arcole symbole de victoires, l'Hôtel-
Dieu, la préfecture de police bondés d'assistants, il fit sur les têtes inclinées le geste qui
bénit et fut acclamé par un peuple surélevé
par les surnaturels espoirs.

VIII

LES DEUX ALLIÉS

19 septembre.

Le tragique dessin de Maurice Neumont que reproduit la *Revue Hebdomadaire* nous montre, dans leur sinistre besogne, les deux hommes qui, par simple ambition et par amour du lucre et de la terre, consomment le meurtre de centaines de milliers d'êtres. Ils avaient la puissance, la richesse, l'honneur, la couronne que surmonte la croix, cela ne leur a pas suffi, rien ne les a arrêtés dans leur projet et dans son exécution, et, comme leur coup fut mal calculé, ils redoublent de brutalités et de cruautés pour écraser avant d'être écrasés. Nous n'avançons ici rien d'exagéré, il suffit de prendre connaissance des communiqués de tous les pays pour être tris-

tement renseigné sur les atrocités, les mensonges et les meurtres des deux empereurs
aux abois.

Un vigoureux « Billet de Junius » nous a
déjà donné l'instantané de François-Joseph Ier,
empereur d'Autriche, roi apostolique de Hon-
grie et autres lieux, que tant de naïfs avaient
coutume de saluer comme un saint et cheva-
leresque patriarche, époux infortuné et victime imméritée de tant de malheurs. Junius
nous a déshabillé ce méchant monarque,
mauvais époux, mauvais père et mauvais soldat, inaugurant et terminant son trop long
règne par une boucherie.

Je voudrais ici me tourner vers son com-
plice armé aussi de la dague ensanglantée et
qui recevait dernièrement de son allié acculé
à toutes les défaites ce mot d'encouragement :
« Victoire ! Victoire ! Dieu est avec nous ! »

Nous venons justement de recevoir des
nouvelles de Frédéric-Guillaume-Victor-Albert,
dit Guillaume II, empereur d'Allemagne et
roi de Prusse, et comme elles nous arrivent
de la *National Zeitung*, il y a tout lieu de croire
qu'elles sont exactes. Donc, le grand Empe-

reur, que tant de naïfs aussi admiraient sans l'aimer et citaient comme le monarque modèle pénétré de ses devoirs et humblement incliné devant le Très-Haut, ne fait, pour l'instant, que justifier l'épithète de valeureux poltron qu'aimait à lui appliquer son oncle Edouard VII. Depuis quarante jours que dure la guerre, on ne l'a pas vu une seule fois sur le front de ses troupes. Successivement, il s'est fait voiturer à Mayence, à Aix-la-Chapelle et à Metz, et, en dernier lieu, on le disait aux environs de Nancy, regardant sans confiance les opérations de son armée et s'en prenant à ses incapables ministres. Il s'abrite, paraît-il, sous des pavillons démontables destinés à le protéger contre le froid et l'humidité. Leur intérieur est parqueté et meublé, leur toit imperméable. L'un sert de salon, l'autre de chambre à coucher. La cuisine suit par derrière avec tout ce qu'il faut pour douze couverts et des appareils frigorifiques qui puissent conserver aux vivres la fraîcheur des primeurs. Quand on revoit par la pensée le petit lit de fer dont se contentait, en temps de paix, le vieil empereur Guillaume dans son modeste palais impérial, il faut reconnaître que la *coulloure* a progressé.

Mais qu'est-ce, en vérité, que Guillaume II? Un enfant gâté, un heureux de la vie qui eut, tout jeune, entre les mains le plus magnifique des héritages. Il n'eut pas à le conquérir, et n'avait qu'à le conserver. Il le comprit, et, dès son avènement, on pressentit l'évanouissement de ses fanfaronnades belliqueuses, son souci de maintenir son empire dans la force et dans la paix et de lui donner tout ce qui lui manquait dans les domaines qui n'étaient pas militaires. Le plan était sage et non sans grandeur. Enfin, celui qui voulait le réaliser ne manquait pas d'une certaine intelligence et connaissait le prix de l'activité. Mais son âme cabotine, son esprit incohérent et son orgueil aveuglant le perdirent.

Oui, cabotin, il voulut toujours être sur la scène en *toutes* choses. Nous l'avons vu régisseur de théâtre, librettiste, architecte, inaugurateur, improvisateur et voyageur, en même temps que généralissime, chancelier et diplomate puéril. Oui, esprit incohérent, il déconcerta ses plus fidèles amis par la variété de ses contradictions.

Théologien, chef de l'orthodoxie protestante, il fait la cour au Pape, prend le chemin de Jérusalem et trompe et flatte les catholiques ; à toute occasion, il invoque le droit divin, se dit l'instrument de Dieu et commet toutes les fourberies et toutes les cruautés qu'il couvre de l'ombre du Très-Haut.

Il veut garder son rang à la haute aristocratie, tient à distance ses sujets de petite noblesse, et il ne lui déplaît pas que les milliardaires américains lui tapent sur l'épaule et que Vanderbilt l'appelle familièrement « un bon garçon ». Il ferme sa cour aux fonctionnaires non titrés et l'ouvre aux rois « porcins » de Chicago.

Il méprise la presse, mais recourt à sa puissance pour qu'elle fasse tapage sur sa personne. Il entend que l'autorité règne partout, mais à condilon d'être seul à l'exercer, ce qui est le meilleur moyen de l'affaiblir.

Il se dit épris d'idéal et prépare les réalités les plus sanglantes ; il veut être un chevalier de la légende wagnérienne, et nous savons comment il a fait traiter les femmes et les enfants. On dit qu'un de ses fils est tué ou gravement blessé, et sûrement va jusqu'à lui la pitié des mères même françaises qu'il est incapable de comprendre. Il se croit un Mécène parce qu'il protège quelques incapables, et il ignore que la liberté est la condition de l'expansion de l'art.

Il rêve d'ouvrir à son pays les routes du commerce et de l'industrie et il le laisse sous la menace paralysante de la guerre, puis la déchaîne en anéantissant tous les espoirs et tous les efforts.

Il sème tant d'idées contradictoires que les fils de ses officiers rêvent d'entrer dans le commerce et ceux de ses commerçants d'appartenir à l'armée, enfin, il veut s'appuyer sur la société moderne et méprise et moleste son parlement.

Tel est Guillaume II, celui que Drumont appelait, il y a quelques jours, « un grand raté », et dont Déroulède disait : « Mais qu'a-t-il donc fait pour mériter l'admiration des snobs? »

*
* *

Et en face de ces deux alliés néfastes et inintelligents de leur temps, que voyons-nous? Un empereur slave qui, le premier, il y a plus de dix ans, eut la noble idée de convier à la paix les peuples de l'Europe et qui veut les réparations du passé en promettant à la Pologne les libertés essentielles ; un jeune souverain belge, chef d'un Etat neutre, qui a préféré à la violation d'un droit la lutte contre un formidable adversaire et qui la conduit héroïquement lui-même à la tête de ses troupes ; et enfin, deux chefs d'Etat, celui de la Grande-Bretagne et celui de la France, qui n'ont cessé de déclarer qu'ils n'avaient pas « cherché ce conflit désastreux » et qu'ils laissaient à l'Allemagne « l'écrasante responsabilité » de la guerre. Cordialement alliés, ils donnent l'exemple du respect des traités, de la bravoure nationale et de la défense de la civilisation.

Une seule puissance, il faut le reconnaître, semble avoir des sympathies pour l'Allemagne meurtrière, c'est la Turquie, la patrie

d'Abdul-Hamid, l'assassin des Arméniens.
Cela n'est pas étonnant. Plus d'une fois on a
comparé ces deux types de sultan dont la
camarilla servile épie et seconde les désirs.

Celui de Berlin va aussi bientôt succomber;
du moins, il sera diminué. Il sera humilié,
puis le temps passera et l'on oubliera bien
des choses, mais ce prétendu civilisateur gar-
dera sur l'épaule une marque que ne pourra
effacer aucun des savons du Congo, qu'il
n'aura plus, c'est le nom de *Louvain*.

IX

LA CENSURE

26 septembre.

Il n'est pas aisé d'être journaliste à l'heure actuelle, même pour ceux qui, éloignés de l'action quotidienne, s'efforcent simplement dans un périodique plus littéraire que politique de refléter les événements de la semaine et de chercher à noter les impressions et les leçons qui s'en dégagent. La censure veille sur eux, c'est-à-dire qu'elle les surveille, ce qui est vraiment son droit, dira-t-on, car, puisqu'elle est, il faut bien qu'elle s'exerce.

Il est cependant à souhaiter que l'entente se fasse entre ceux qui écrivent et ceux qui raturent. Les uns et les autres ont des devoirs; s'ils savent se faire des concessions possibles, tout ira pour le mieux.

Le terrain de cette entente est facilement abordable des deux côtés puisqu'il s'agit du bien du pays. Quel est le sacrifice que chacun de nous n'aimerait à faire pour cette cause? En ce moment, où l'ennemi souille encore notre sol, personne n'a le souci de faire de la littérature ou de la critique. On veut seulement renseigner le public sur les choses permises, traduire les sentiments généraux et généreux, soutenir les courages et entretenir les espoirs. Il est convenu que l'on supprimera toutes les informations pouvant être nuisibles aux opérations militaires ou qui seraient de nature à jeter une émotion inutile dans le pays, c'est très naturel. Il est aussi entendu, depuis quelque temps, qu'il est une ville dont on ne parlera pas, et tout le monde sait qu'il ne s'agit pas de Saint-Nazaire ou de Narbonne : eh bien, c'est un petit sacrifice que les Parisiens peuvent élégamment faire, et à beaucoup d'entre nous la conversation suffit.

Mais il y a autre chose. Les premiers jours du départ — je parle de celui de nos soldats — tout a bien marché. On a communié dans

un même sentiment, et l'on continue de même
contre l'odieux ennemi, et en faveur de notre
héroïque armée. Seulement, les jours en se
suivant et les faits en se produisant ont forcément amené quelques réflexions. Encore
une fois, je ne parle pas de l'action militaire
mise hors de cause, mais de bien d'autres choses intéressant parallèlement le pays. Il suffit
d'ouvrir quelques journaux au hasard pour
voir les titres d'articles suivants : les Incohé-
rences du moratorium ; le Devoir des préfets ;
les Défaillances des municipalités : les Len-
teurs postales ; l'Insuffisance des soins donnés à nos blessés, etc... et pour être frappé
des espaces blancs qui séparent les alinéas.
Si parfois même un confrère essaye de se
détendre bien innocemment en s'associant,
seulement par la pensée, aux distractions des
défenseurs de la citadelle girondine, il est
aussi sévèrement censuré. N'est-ce pas exagéré?

Quand la presse fait son devoir, et ne le fait-
elle pas patriotiquement à l'heure présente?
elle est l'interprète la plus autorisée de l'opinion publique. Quel intérêt aurait-on à mé-

connaître celle-ci, à la comprimer, à lui défendre toute expansion ? Elle s'est plainte à bon droit de la lenteur de la correspondance avec les soldats, et il faut reconnaître qu'elle a été entendue, et que, après de sérieux efforts de l'autorité, les lettres de nos soldats nous arrivent plus rapidement ; elle a regretté qu'on entassât à Paris les blessés dans deux ou trois hôpitaux et qu'on n'accueillît pas les offres de tant d'organisations privées si sérieusement aménagées, et voici que des exceptions commencent à se faire et que des infirmières haletantes de se dévouer ont enfin des soins à donner !

Les vœux exprimés par la presse n'ont donc produit que de bons effets, car elle ne doute pas qu'elle n'ait été écoutée et qu'elle ne le soit encore dans la suite. Qu'il me soit permis d'ajouter une remarque, c'est que les taches blanches sont souvent mal comprises par le public qui croit qu'on lui cache de mauvaises nouvelles ; enfin, suivant la loi qui veut que l'égalité soit touchée quand la liberté est atteinte, tel journal est ménagé quand tel autre est censuré, et l'article qui passe chez l'un est biffé chez le voisin. Il nous faut, comme l'a si bien dit notre confrère M. Arthur Meyer, « nous incliner sans comprendre ». C'est la perfection dans la discipline ; nous nous confions cependant à la courtoise fermeté du Directeur du bureau de la presse pour que sa tolérance aide notre obéissance.

Heureusement que nous trouvons toute notre liberté pour épancher notre admiration et notre indignation. Notre admiration pour les progrès faits par notre armée contre un ennemi innombrable qui, par le fer et par le feu, donne son suprême effort pour rompre notre front et qui, cependant, est obligé de se replier, notre indignation contre les criminels qui ont incendié et détruit la cathédrale de Reims.

Avec quelle joie ces lourdauds ont-ils dû voir se déchirer les dentelles de pierre, et se briser ce qui durait depuis sept siècles ! Mais l'heure de la vengeance viendra, non pas, disons-le, que nous osions exercer des représailles sur la maison de Dieu à Cologne, nous ne savons pas faire cela. « *Lapides clama-bunt* », nous crieraient les Écritures. Mais nous

aurons moins de respect pour la capitale
en carton-pâte de Berlin et pour les *Linden*
rabougris dont les Boches sont bêtement si
fiers !

En attendant, nous ne craignons pas de nous
humilier en pleurant sur les ruines de la basilique incomparable si intimement accrochée
à l'histoire de notre France. Nous en appelons
au Dieu de justice, et tandis que les iconoclas-
tes s'écrient orgueilleusement : « *Gott mitt
uns* », nous, victimes glorieuses de tant de
sacrifices qui nous rapprochent du Calvaire,
nous chantons : « Plus près de toi, ô mon
Dieu ! »

X

LE VÊTEMENT POUR LES COMBATTANTS

9 octobre

Dans l'*Écho de Paris* du 24 septembre Maurice Barrès écrivait les lignes suivantes :

Jai reçu de mon ami Henry Bordeaux, l'écrivain patriote, cher à nos lecteurs, qui sert à l'état-major de l'une de nos armées, une lettre que je leur demande de lire avec moi. Elle rentre dans un ordre d'idées qui nous émeut tous.

« Nous avons besoin pour nos blessés, me dit-il, de cinq ou six cents couvertures. Elles feraient constamment la navette entre les gares d'évacuation et les hôpitaux ; elles seraient de service tous les jours. On me dit : il n'y en a plus dans les magasins, l'intendance a tout pris. Elle a bien fait, mais c'est encore insuffisant. Il y a bien dans chaque maison une couverture inutilisée. Je ne demande pas la meilleure ; comme dans l'Évangile, la moins bonne même ne serait pas méprisable. Vous qui êtes écouté de Paris, procurez-les-nous. On pourrait les déposer au *Foyer*, 11, rue Servandoni, au rez-de-chaussée; elles y seraient prises IMMÉDIATEMENT. Cela simplifierait. Elles seront accueillies avec joie. »

La veille de cet appel, j'avais reçu à la *Revue Hebdomadaire* la visite de notre cher collaborateur et ami Henry Bordeaux; il m'avait dit : « Les pluies arrivent, l'automne approche, nos soldats vont avoir froid : en plus des couvertures pour nos blessés, il nous faut aussi des tricots, des flanelles, des lainages pour garder la santé à ceux qui combattent et que les balles ont encore épargnés ; protégeons nos soldats contre la maladie, mais protégeons-les vite. Aidez-nous. »

Comment ne pas s'empresser de répondre à une pareille requête? Dès le lendemain, les bureaux du service commercial du *Foyer* et de la *Revue Hebdomadaire* se mettaient à la disposition de cette œuvre de secours, en même temps que des mesures étaient prises pour en assurer la rapidité; MM. René Doumic et Lacour-Gayet nous donnaient leur appui, la Presse nous secondait, Barrès faisait son appel, et la queue se faisait, rue Servandoni, comme on la voyait, il y a quelques semaines, devant les grandes maisons d'alimentation, mais cette fois-ci ce n'était pas pour s'approvisionner, c'était pour *donner*.

Ah! que ce mot comporte de délicatesses françaises et de générosités touchantes! Depuis huit jours que je reçois la visite de tous ces bons citoyens, que j'ouvre leurs lettres, que je lis les cartes épinglées sur les paquets, je connais des émotions que je ne puis traduire ici que faiblement.

Cela se passe dans l'étroite rue Servandoni, devant la trouée de la petite rue du Canivet, au bout de laquelle s'aperçoivent les arbres taillés de l'ancien séminaire de Saint-Sulpice. En voyant ce vieux monument abandonné et les feuilles mortes qui commencent à tomber, le souvenir des proscriptions et le sentiment de la fin des choses pourraient vous envahir en ces jours de mélancolie, si l'on n'était réveillé, je dirai même ressuscité, par le spectacle de la généreuse mutualité et de la ferme confiance de la population parisienne.

Un registre est ouvert pour les donateurs. « Voulez-vous inscrire votre nom, madame? — Est-ce nécessaire, monsieur? — Non assurément, mais à simple titre de souvenir. — Oh! alors, ce n'est pas la peine..., c'est si peu de chose... La charité n'a pas de nom. » Et elles s'en vont sur ce beau mot, sans se douter qu'il est exquis. Quelques-unes signent cependant : « une fiancée..., une triste et pauvre maman..., la veuve d'un médecin-major..., en reconnaissance des soins donnés à mon fils à Bordeaux. »

D'autres envoient leur paquet complété d'une touchante inscription : « Un combattant de 1870 qui a reçu cette couverture sur le champ de bataille du Mans et est heureux de pouvoir l'offrir aux soldats de la Revanche!... » « Puisse cette couverture contribuer à endormir un peu de mal!... » « Couverture donnée par la fille d'un garde national de 1870!... » « Acceptez ces modestes vêtements, nous ne sommes pas riches et regrettons de ne pas faire davantage!... » « Pour nos pioupious français. Vive la France! »

Je ne puis tout citer, je voudrais seulement

rapporter aussi quelques mots de nos visiteurs : « Je suis pauvre, mais que voulez-vous, j'ai acheté cela, on se passera de fruits! « Je suis réformé, alors j'ai apporté cela pour les camarades!... » Voici deux gilets de flanelle, ça n'y fait rien, n'est-ce pas, s'il y a deux petites médailles cousues dedans?... » « Ces deux couvertures m'ont été données par charité, c'est bien le moins que je les rende!... » « Elle est vieille, mais elle est *chode* », m'assure un compatriote gascon. « Mon mari est à la guerre, dit mélancoliquement une jeune femme, cela servira à un autre, mais cela lui portera peut-être bonheur. »

Les bonnes sœurs apportent leur travail, un pauvre ecclésiastique voudrait offrir sa soutane, un membre de l'Institut, bien connu, portant rosette sur le ruban vert de 1870, enlève son paletot, me le donne et me dit : « Ah! il me gênait. » Une bonne à laquelle on a remis deux francs pour payer la voiture qui porterait les paquets, les a chargés sur son dos et offre les deux francs. Un citoyen, qui se prétend communard, apporte son

offrande ; un Alsacien, qui refuse énergique-
ment de se nommer, descend de son fiacre
trente couvertures neuves. Les grands magasins, les maisons de couture, les théâtres, les
cinémas n'oublient pas non plus les soldats
français et nous envoient leurs secours en
nature ou en argent. C'est le vieil ami de collège qu'on n'a pas revu depuis des années et
qui nous apporte spontanément le fort chè-
que, c'est l'ouvrière qui donne ses vingt francs
d'économie, c'est le miséreux qui vous glisse
une pièce dans la main et s'enfuit : ah ! chère
France ! comment douter de sa glorieuse destinée lorsque tant de dévouements intimes et
secrets se dépensent pour ceux qui la défendent ! Heureuse jeunesse, qui combattez pour
vos foyers, lorsque vous y reviendrez, couronnée de lauriers, vous y retrouverez une
patrie plus grande et élargie à tous les points
de vue, et il vous sera doux de connaître la
réponse que tant de nobles cœurs firent à
l'appel adressé en votre faveur par l'auteur
des *Amitiés françaises* et par l'auteur de *La
Maison.*

P. S. — Je suis heureux de donner l'assurance à tous ceux qui nous ont fait des envois en nature, qu'ils ont été aussitôt portés directement aux combattants, et j'aime à remercier tous les nombreux lecteurs de la *Revue Hebdomadaire* dont les mandats-cartes nous apportent chaque jour les généreuses offrandes, immédiatement converties en tricots et en lainages.

XI

PRO ARIS ET FOCIS

10 octobre.

Paris vient de passer par une semaine de lente espérance.

Pas un instant cette espérance ne s'est démentie. Des professeurs de sagesse l'ont trouvée parfois trop grande et ont voulu la modérer. Il eût été plus sage de ne pas la faire naître. Voici huit jours que les communiqués nous disent : « Nous progressons sur nos deux ailes, nos renseignements sur la situation sont favorables, l'impression est satisfaisante »; en même temps les lieux qu'ils nous signalent nous font établir une carte du théâtre de la guerre, où la ligne de l'armée ennemie s'éloigne sensiblement; l'on voudrait que nos cœurs ne battissent pas plus fort, et l'on ose comparer les citoyens trop optimistes à ces oiseaux de malheur, plus dangereux que les *Tauben*, qui propageaient le découragement et la terreur! Quelle erreur! Oui, soyons circonspects et mesurés, mais comprenons que fatalement l'opinion reflétera toujours, avec une certaine fidélité, la vérité des choses. Quand l'ennemi était à quelques kilomètres de nos forts, et que Senlis brûlait, Paris n'avait pas la même attitude qu'au moment où les combats se développent dans les régions d'Arras, et les deux fois il avait raison. Voilà ce que devraient comprendre les gens qui nous donnent des conseils de loin.

On dirait même qu'un peu de vie reprend dans la capitale. On recommence à faire quelques trous dans les rues, et ce matin, pour la première fois depuis longtemps, un prospectus se glissait dans mon courrier. Les voies sont un peu moins vides ; quelques chevaux embusqués traînent convenablement de sympathiques fiacres, et des sexagénaires prudents conduisent encore quelques taxi-autos. Les cyclistes abondent, ils filent rapidement et silencieusement sans appareil sonore ni lanterne, au crépuscule, mais les agents laissent faire. Jamais ils ne furent plus bénévoles! Pas de querelles surtout! Ne sont-ils pas les gardiens de la paix?

Paris, du reste, est très sage. La police l'affirme. Il vit docilement sous l'autorité de son gouverneur, dont l'énergique figure se montre à toutes les vitrines. Il n'est même plus railleur, et les plaisanteries et les bons mots sur une certaine grande ville et ses hôtes ont cessé. On s'en est désintéressé.

Depuis quelques jours, nous sommes accablés d'invitations. Invitations à régler nos impôts, à payer notre loyer, à souscrire des bons du Trésor. Pour ne pas demeurer en reste, que le gouvernement nous permette de l'inviter respectueusement, à notre tour, à lever le moratorium. Comment pouvons-nous donner notre argent, si l'on nous ferme la caisse où nous l'avons mis? Rouvrez-nous la Bourse, si vous voulez que nous vous ouvrions la nôtre.

Elle s'ouvre, du reste, la bourse des bons Français, le plus qu'elle peut, en faveur des combattants qui, à ce moment, nous font, *à la lettre*, le rempart de leurs corps. Et je ne fais pas ici seulement allusion à l'œuvre inaugurée par la *Revue Hebdomadaire* et par le *Foyer* pour le vêtement du soldat et qui suscite tant d'inlassables générosités, mais à toutes les œuvres parisiennes qui s'ingénient, se multiplient pour soulager toutes les souffrances, toutes les misères, tous les abandons. « Il y en a trop », dit le monsieur qui ne donne rien. Non, certes : laissons s'épanouir toutes les variétés des élans, regardons et imitons la nature qui a sa force dans sa diversité.

Paris a connu aussi, cette semaine, les émotions qui naissent des sentiments supra-terrestres. A Notre-Dame, à Saint-Etienne du Mont, à Montmartre, à Sainte-Clotilde, en un mot dans toutes les basiliques rattachées plus particulièrement à notre histoire nationale par un souvenir, par un patronage ou par des reliques vénérées, les croyants ont prié avec plus d'ardeur encore pour le salut de la Patrie; ils se sont pressés au pied des chaires, pour entendre d'éloquentes paroles. et, sous les hautes voûtes, des foules auxquelles se trouvaient mêlés des membres du Parlement, de notre municipalité et de notre armée, se sont déroulées en procession. Cela s'est fait simplement, à la manière dont s'accomplissent les grands devoirs. J'aime à penser qu'il en est de même dans nos provinces.

Lorsque viendront les jours bénis de la Victoire et de la Paix, il y aura entre beaucoup, hélas! dans chaque village, un lien commun, celui du sang versé par les fils ou par les frères. Quelle que soit la diversité naturelle des opinions, on se trouvera d'accord devant l'image de la Patrie, et on se dira que tant de vies sacrifiées commandent l'abandon des luttes intestines dans ce qu'elles ont de mesquin, de haineux et de déprimant. *Pro aris et focis*, disaient les anciens; nous aussi nous connaîtrons la dualité de cet amour, et à côté des tombes où s'inscrira le souvenir de ceux qui sauvèrent nos foyers, nous ornerons les autels parfumés de l'encens des douleurs.

XII

LA MORT DU COMTE DE MUN

17 octobre.

Il est des faits qui débordent les semaines, on en parle toujours. Quelle que soit la succession des émotions, quelque captive que demeure notre attention sur la ligne du combat, sur nos frères qui luttent et progressent et qui, hélas ! par tant de sang versé, payent le recul de l'ennemi, notre souvenir fait en même temps sa part aux tristesses accumulées et où se retrempe cependant notre énergie, l'incendie de la basilique de Reims, la mort d'Albert de Mun et la chute d'Anvers.

Je n'ai pu parvenir jusqu'à Reims, voir l'immense vaisseau dévasté, la charpente effondrée, les verrières brisées, la forêt de sculptures décimée par les flammes, la chère cathédrale que Charles VIII proclamait « noble entre toutes les églises de son royaume », que l'hypocrisie allemande prétendait respecter et qui a été volontairement la cible des obus comme aujourd'hui Notre-Dame de Paris est celle des *Tauben*.

J'ai du moins pu faire un pieux pèlerinage à l'infortunée petite ville de Senlis, hier encore si coquette avec ses jolies demeures du XVIIe et du XVIIIe siècles encadrées dans la verdure débordante de leurs jardins. Là, j'ai vu et appris toutes les horreurs commises par le simple goût de détruire. Ce n'est pas le bombardement qui a fait de la grande rue centrale la voie des ruines, ce sont des grenades explosives jetées à bout portant à travers les fenêtres des demeures et allumant l'incendie général. Les officiers ne respectaient que les maisons où ils logeaient et se distrayaient en brûlant les façades voisines. Parfois ils le firent même avec un tel entrain qu'ils craignirent pour leur propre asile et durent se replier peureusement dans les cours d'arrière. Ils tuèrent aussi pour le plaisir de tuer, faisant fusiller 34 habitants de la petite ville, depuis le vénérable maire qui était allé pacifiquement au-devant d'eux, jusqu'à un malheureux voiturier, parce qu'il n'attelait pas assez vite !

Heureusement, la pure cathédrale ogivale n'a été que légèrement touchée. Sans doute, comme toutes les demeures du bon Dieu invoqué par Guillaume II, elle a été visée et porte des blessures, mais guérissables. Ah ! ces églises mutilées, combien elles doivent émouvoir le cœur du grand écrivain qui s'est consacré à leur défense, tandis que vient de s'éteindre son compagnon d'armes du Parlement, de l'Académie et de la Presse, celui qui, depuis un demi-siècle, n'avait cessé de défendre l'*Église*.

*
* *

De belles pages ont déjà été écrites sur ce grand mort, et dans l'avenir de beaux livres inscriront aussi sa mémoire. On mettra surtout en lumière l'unité de sa vie dans son triple caractère de soldat, de catholique et de social.

Soldat, il le fut toujours, aussi bien en Afrique et à Metz qu'à la tribune de la Chambre où, la taille serrée, le front haut, les yeux bien droits, la voix un peu cassante, il menait l'offensive avec la tenue d'un gentilhomme et la ténacité d'un convaincu. En uniforme de capitaine de cuirassiers et sous l'habit d'académicien, je l'ai entendu s'adresser à des auditoires différents, c'était le même homme. Sa parole était un glaive, et quand ce glaive lui manqua, la plume lui tint lieu d'épée. Actif et toujours au service, il allait au combat sans regarder en arrière, et, quand on lui demandait de se recueillir et de nous donner le récit de ses souvenirs de 1870, d'un geste il montrait sur son bureau les feuillets quotidiens qui prenaient ce qui lui restait de forces. Ces forces, on sait qu'il les a données militairement sans désemparer, comprimant de ses mains la blessure de son cœur, jusqu'au jour où l'espoir accru le fit rompre. Il s'était endormi avec la confiance de se réveiller dans l'enthousiasme ; le lendemain de la mort donna ce réveil à son âme chrétienne.

Catholique, la règle de l'Église fut la loi de

sa vie. Il ne se gêna pas pour le déclarer. A
ses directions il sacrifia ses préférences, même
dans l'ordre des choses contingentes, et il eut
à en souffrir, pourquoi le taire ?

Mais il connut même ici-bas la récompense
de tant d'abnégation et de tant de noblesse.
car il lui arriva ce qui advient à très peu
d'hommes, il finit par planer au-dessus des
partis, et, autour de sa dépouille, on a vu
passer, il y a quelques jours, le peuple, le
clergé, le chef de l'État et le gouvernement.

Enfin, il fut un social. Il vit la Commune,
et le spectacle de cette horrible guerre civile
éveilla dans ce grand cœur le souci de la
recherche de ses causes, comme les événements de 1848 avaient troublé l'âme aimante
de son ami Maurice Meignen. Ensemble, avec
le capitaine René de la Tour du Pin, ils réso-
lurent de se donner au peuple, de l'éclairer et
de le soutenir, à la lueur de l'Évangile. Le
premier acte de cette campagne fut la fonda-
tion d'un cercle catholique d'ouvriers à Belleville ; l'élan était donné, il ne s'arrêta plus,
malgré naturellement bien des difficultés.
Mais le comte Albert de Mun avait fait le ser-

ment de se vouer à cette cause, la nuit de Noël de 1871, dans un salon du Louvre où il était de service auprès du gouverneur de Paris ; il n'y faillit jamais. Toujours sur la brèche, il défendit les faibles, les miséreux et leur patronne l'Église, et, dans ses efforts pour promouvoir une législation sociale plus humanitaire, il eut bientôt l'auguste appui du grand pontife Léon XIII.

Son âme était confiante, comme celle de toutes les riches natures ; il voyait le péril et le mal, mais estimait que l'ardeur du combat peut les conjurer. Le jour de sa réception à l'Académie française, il signala une aube naissante à travers laquelle il voyait revenir vers les déshérités le Christ répudié par le siècle expirant ; de même il est mort en présageant l'arrivée de l'ange de la Victoire au-devant de nos armées résistantes. Que ses vœux soient entendus ; que le sacrifice de sa vie si généreusement dépensée, comme celle de tant de nos soldats, nous mérite le salut et l'épanouissement de notre pays !

*
* *

Nous ne saurions finir de rappeler les grandes émotions de cette semaine sans saluer une fois de plus avec admiration la noble nation belge, qui, depuis plus de deux mois, donne l'exemple d'un peuple s'immolant pour la défense d'un principe. Après l'héroïsme de Liège, l'holocauste de Malines et de Louvain, l'incendie de Termonde, l'occupation de Bruxelles, la prise d'Anvers est venue encore éprouver le pays loyal qui s'était fié à la foi des traités. Après quarante heures de bombardement, la grande citadelle est tombée.

Sous des projectiles d'un poids effroyable, les monuments se sont écroulés et la ville a été livrée aux flammes. Qu'en résultera-t-il ? Une souffrance de plus pour la Belgique, qui a du moins dégagé son armée et pourra continuer de promener son vaillant drapeau sur les champs de bataille, et une honte de plus pour l'Allemagne parjure.

Quand l'horrible guerre sera terminée, on

sera encore plus en droit de dire, lorsqu'on rencontrera un Allemand : « C'est un homme sans honneur », et lorsqu'on verra un Belge : « C'est un héros ! »

XIII

LE DROIT DES GENS

24 octobre.

Tous les jours l'Allemagne viole le droit des gens et en profite. Mais voici que les intellectuels allemands, dans une protestation pleurarde, voudraient en garder le profit et se réserver en même temps pour l'avenir le prestige de la Défense du droit.

Il importe de préciser dès maintenant les responsabilités et de rendre à chacun ce qui lui est dû.

Je ne suis pas un juriste, et je confesse n'avoir pas suivi de près les délibérations de la cour de La Haye, mais je ne doute pas de leur généreux esprit, et je suis convaincu que ses procès-verbaux doivent accuser un sensible progrès du droit international. Il est sûrement plus humanitaire que celui qu'on nous enseignait dans les écoles, il y a un quart de siècle. Or, combien nous nous contenterions aujourd'hui de voir observer les vieilles règles dont on nous inculquait le respect!

Que nous disait-on ?

Le droit international n'a pas la protection des tribunaux ; aucune loi ne peut le sanctionner ; il est cependant plus ancien que toutes les lois écrites, il est l'expression des coutumes et des pratiques admises pour les différents peuples, même en temps d'hostilités. Peu à peu, les lois de la guerre se sont civilisées, et la barbarie des temps sauvages a été condamnée. Déjà même, dans l'antiquité, les envoyés des nations étaient déclarés inviolables. Les droits du vainqueur en pays envahi ont des limites ; les citoyens, la religion, les arts, les sciences, méritent une protection, le drapeau parlementaire est sacré, les pillards doivent être châtiés et les blessés respectés. Les femmes, les enfants, les vieillards, les malades, tous les faibles, en un mot, que commença à protéger la chevalerie, ne doivent jamais être à la merci du vainqueur. La guerre est dirigée contre l'État, et non contre les particuliers. Il n'est pas permis, sans raison, de brûler la maison de l'ennemi ni de ravager son terrain. Le belligérant ne peut prendre que les mesures nécessitées par les opérations militaires ; la sécurité personnelle, la liberté, sont des droits privés auxquels la guerre ne saurait toucher. Il est interdit de tuer l'ennemi qui se rend, après avoir posé les armes, et encore plus le blessé gisant sur le champ de bataille et incapable de continuer le combat ; il est également défendu de tuer isolément les médecins et les aumôniers, parce que cela n'est pas nécessaire pour vaincre. Les prisonniers de guerre ne sont plus, comme dans les temps anciens, des esclaves temporaires ; il ne faut ni les maltraiter ni les tourmenter. Tout ce qui a un caractère social sera respecté. Les églises, les hôpitaux, les écoles, les bibliothèques, les collections, les musées, sont un patrimoine sacré de l'humanité que l'on ne doit pas chercher systématiquement à détruire. Voler ou maltraiter les gens chez lesquels on se trouve en logement militaire est une infamie ; enlever son argent à un ennemi vaincu est un acte indigne. Les incendies de la guerre s'éteignent aux frontières des États neutres : ceux-ci sont les représentants de la paix, ils ont des droits comme ils ont des devoirs.

Tels sont les éternels principes du droit des gens, du droit de l'humanité, tels qu'ils résultent de la loi naturelle et des progrès de la civilisation ; or, il n'en est pas un seul que n'aient violé la culture et la prétendue intellectualité allemande !

L'Allemagne ouvre la guerre en violant la neutralité du Luxembourg, puis celle de la Belgique, et, dans son inconscience, elle demeure stupéfaite de trouver en face d'elle un roi et une nation qui défendent le droit et invoquent la foi des traités. Elle hausse les épaules et les appelle « des chiffons de papier ».

Oublieuse des usages diplomatiques, elle méconnaît, vis-à-vis de notre ambassadeur, les devoirs que nous avons remplis à l'égard du sien, et elle le ramène à une frontière étrangère, presque prisonnier, gardé dans son wagon par des soldats, revolver à la main.

Dès leur entrée en campagne, les Allemands s'appliquent à propager la terreur par des actes sauvages et criminels interdits aux belligérants. C'est leur méthode : plus la guerre sera barbare, plus elle sera efficace.

Pour mieux s'approcher des frontières de Liège, ils arborent le drapeau blanc, et, lorsque les Belges se lèvent, ils tirent sur eux, répétant la même félonie devant Reims en criant : « Kamarad » et en foudroyant ceux qu'ils ont appelés à parlementer.

Ils tirent sur les civières d'ambulance et bombardent les villes ouvertes, sans aviser préalablement les autorités civiles ; ils incendient systématiquement les villages, même ceux qui ne résistent pas, et fusillent sans raison leurs habitants. Ils tuent les médecins qui relèvent ceux qui sont tombés, achevant les blessés en tirant sur eux à bout portant, et leurs blessés eux-mêmes envoient une dernière balle à l'ambulancier qui leur porte un verre d'eau. Ils s'acharnent sur les faibles, comme à Blamont, où ils fusillent un vieil-

lard de quatre-vingt-six ans, et à Magny un
enfant de sept ans. Ils mutilent, pendent et
écrasent, restaurant même les coutumes barbares, en faisant marcher devant leurs troupes les femmes et les enfants de l'ennemi. A
Louvain, à Reims et à Arras, ils détruisent
sans besoin des trésors artistiques, scientifi-
ques et littéraires, et quand leurs *Tauben* pla-
nent sur Paris, ils visent spécialement Notre-
Dame. Du reste, ils s'acharnent particulièrement sur les églises et sur les prêtres, aussi
bien dans les hameaux que dans les grandes
villes. Leur culture, qui n'est que de la force
condensée, est forcément en lutte contre la
pensée pure et ses représentants. Ils s'exal-
tent dans la destruction de la matière noble
et dans le choix des glorieux otages.

Lisez les rapports officiels belges et français, vous y verrez tous les crimes de lèse-
civilisation commis par la nation allemande ;
lisez les carnets de leurs soldats et officiers,
et vous connaîtrez tous les actes de froide
cruauté qu'ils commettent quotidiennement
et que la guerre ne nécessite pas. Après cette
lecture, après tant de trop véridiques témoi-

gnages qui crient plus fort que toutes les protestations, sur les ruines fumantes de Louvain
et de Reims, sur les tombes de tant des
nôtres martyrisés, sur la Belgique violée, sur
la France espionnée et tant de fois provoquée à déclarer la première la guerre, nous
jurons de rester sourds aux supplications des
intellectuels allemands et des universitaires
qui se solidarisent avec les incendiaires.
« Croyez-nous, croyez-nous », s'écrient-ils en
faisant appel aux isolés de quelques pays qui
pourraient encore rester leurs amis, « nous
sommes les gardiens des biens les plus précieux de l'humanité !... *Croyez-nous sur notre
honneur !* » Leur honneur s'est éteint avec
Gœthe, Beethoven et Kant, dont ils sont les
indignes héritiers. On ne les croira pas.

XIV

AUX INTELLECTUELS ALLEMANDS
LES RÉPONSES AUX 93 INTELLECTUELS

31 octobre.

On sait que les intellectuels allemands ont fait un appel aux nations civilisées !

Ils protestent solennellement contre les mensonges et les calomnies dont on a tenté de salir « la juste et bonne cause de l'Allemagne ! »

A les entendre, Guillaume II, le Pacifiste, ne voulait pas la guerre, mais il a dû se défendre contre la France et ses alliés « en embuscade » contre son peuple ; l'Allemagne n'a pas violé la Belgique, elle n'a fait que « prendre les devants » contre les Belges « assassins et bandits » ; Louvain n'a pas été détruit par les troupes du kaiser, « une bonne partie de la ville est encore restée intacte » ; l'armée allemande n'a commis aucune cruauté *indisciplinée* et, du reste, le « militarisme » est nécessaire pour protéger la « culture » germanique. En un mot, les Allemands sont « les gardiens des biens les plus précieux de l'humanité », et nos cris d'indignation contre leur sauvagerie ne sont que « des mensonges ».

Lorsque l'Institut de France connut ce manifeste si outrageant pour notre pays et susceptible d'égarer l'opinion publique, il se demanda si son devoir ne lui commandait pas de protester contre l'appel de ces intellectuels et particulièrement contre ses associés et correspondants qui y avaient mis leurs signatures.

Devant l'opinion publique si légitimement sensible à cette heure, examinons froidement mais attentivement la question.

**

Les atrocités des Allemands, leurs félonies, leur violation systématique de tous les droits pour ne servir que le culte de la Force, se sont étalées avec cynisme ; en dehors des tueries de la guerre, il y a eu tant de crimes commis, tant de ruines amoncelées, tant de sentiments profanés que même la civilisation française en est arrivée parfois à douter de sa vocation et à se dire : « Si nous leur rendions la pareille ! » Il lui a fallu jusqu'ici tout l'empire de sa force morale pour ne pas riposter à la sauvagerie par la sauvagerie. Peut-être était-ce pour elle la seule manière d'arrêter la barbarie d'un ennemi sans humanité ; elle ne l'a pas fait cependant et n'a pas voulu admettre qu'il pût y avoir faiblesse chez un peuple à refuser de donner en représailles toute sa force physique et brutale. L'histoire lui rendra justice.

Mais quand il ne s'agit plus d'être parjure, assassin ou incendiaire, n'appartient-il pas à la nation française, à la race latine de répondre par un soufflet aux insolents défis de la grossièreté teutonne, et, sans s'inquiéter des procédures, des précédents et de toutes les ergoteries byzantines, de faire le seul geste qu'acclame la Patrie !

Comment ! voilà des hommes auxquels la France a fait le suprême honneur de les associer à sa plus pure gloire intellectuelle, ils nous insultent en approuvant des horreurs condamnées par la culture au nom de laquelle ils ont été admis dans nos académies, et elles n'auraient pas le droit de leur fermer la maison, ou au moins de les flétrir si honteusement qu'ils n'osassent plus s'y présenter ? Cela était inadmissible, et la presse la première, par les voix les plus autorisées, a répondu comme il convenait à l'outrage.

M. Gabriel Séailles, professeur de philosophie à la Sorbonne, a revendiqué la liberté de la science contre « la docilité des Excellences » et a remis ces prétendus savants devant la loi des faits ; M. Edmond Perrier, membre de l'Académie des sciences, n'a pas craint de déclarer à ces associés qu'ils s'étaient « déshonorés » en approuvant tant de mensonges et en adhérant à tout ce qu'a accumulé de désastres le militarisme prussien ; M. Yves Delage, l'éminent biologiste, « stupéfait » du manifeste de ces professeurs « qui ont oublié les règles les plus élémentaires de la méthode

scientifique », déclare qu'ils sont à jamais
« disqualifiés ». M. Aulard ramasse, comme il
convient, M. Romain Rolland, pour avoir
déclaré aux Allemands qu'ils restent « ses
amis »... « malgré les sommations faites par
les fanatiques des deux partis pour rompre
les liens ».

M. Maurice Barrès demande qu'on rompe
ces liens avec des intellectuels qui ont fait
l'apologie des vols, des incendies et des assassinats. M. Victor Margueritte raille les « por-
teurs de flambeaux » qui, au lendemain d'a-
bominables forfaits, ont solidarisé leur « coultoure » et leur militarisme. M. Jean Richepin
réclame avec énergie l'exclusion de ces membres étrangers, complices conscients des barbares et « traîtres à l'Institut ». MM. Charles
Benoist, Henri Joly, Gaston Deschamps, Pierre
Mille et tant d'autres, magistrats, juristes et
écrivains, s'expriment avec la même conviction ; ils ne cherchent pas de précédents pour
des actes sans précédent, ils n'attendent pas,
pour se prononcer, de savoir ce que feront les
autres, ils ne revendiquent pas une prudence
inexplicable, mais bien plutôt les éternels prin-

cipes de la morale universelle, ils rappellent les ruines de Reims et les atteintes à Notre-Dame passées sous silence dans le manifeste, ils demandent à ces hommes de textes des justifications et non des affirmations, et ils étalent le scandale dans lequel s'effondre l'Allemagne intellectuelle.

*
* *

Les neutres eux-mêmes ne veulent pas rester neutres dans la question, et M. Edmond Chapuisat, membre du grand conseil de Genève, a écrit une lettre magnifique où il répond aux intellectuels allemands qu'il est un « renseigné », que leur peuple a voulu la guerre, qu'il a violé le droit des gens, et que « leur militarisme risquerait d'anéantir la civilisation, si celle-ci ne portait en elle le germe du droit et de la liberté ».

La Hollande aussi a donné sa réplique, ce qui ne nous étonne pas d'une nation dont l'active souveraine a un sens si éclairé de la civilisation française. Le professeur C. L. Dake s'élève avec la plus haute éloquence contre la protestation des quatre-vingt-treize intellectuels : « Elle est fondée, dit-il, sur le témoignage de ceux qui donnent des ordres, la nôtre est fondée sur le témoignage du sang des innocents et sur des ruines innombrables. »

Enfin, hier encore, nous apprenions que le comité de la Société des Gens de Lettres avait décidé que les membres adhérents allemands et autrichiens seraient rayés des listes de la Société.

Il faut s'arrêter, les témoignages sont trop nombreux ; ils continuent de s'accumuler et montent plus haut que les scrupules des commissions.

*
* *

A l'Institut de France, l'Académie des Inscriptions et Belles-Lettres, et l'Académie des Beaux-Arts, celles qui ont précisément pour mission de rendre hommage à la Beauté chère à notre génie classique, ont répondu à l'horribiliculture allemande par cette protestation accablante :

« Nous déclarons que ceux qui ont mis l'autorité de leur nom au service de la violence, pour l'aider à se déguiser, nous paraissent avoir manqué gravement à un devoir d'*honneur* et de *loyauté*. »

Il faut penser que messieurs les associés et correspondants de ces deux illustres compagnies comprendront leur flétrissure.

Enfin, si, à la séance publique des cinq Académies, l'Institut a préféré ne pas troubler la sérénité de la réunion, en dédaignant de faire allusion à la provocation allemande, il a été compris du moins, de ce qui a été dit, qu'on n'avait plus aucune hésitation à témoigner publiquement non seulement à l'armée mais à la nation allemande toute l'horreur et tout le mépris qu'elles nous inspirent.

Le président de l'Institut, M. Appell, un Strasbourgeois, a fièrement rappelé que l'Alsace fidèle, après avoir souffert en silence pendant quarante-quatre ans, sous le *bâillon allemand*, voyait enfin se lever le jour de la Justice. M. Louis Renault, dont l'autorité en matière de droit international est universellement reconnue, a déclaré que les faits com-

mis par certains belligérants étaient de telle
nature qu'on demeurait « humilié comme
homme autant qu'affligé comme Français ».
M. Henri Cordier a dit du germanisme que,
réduit désormais à ses propres forces, isolé
dans l'hostilité du monde entier, il s'enfonce-
rait à nouveau dans les ténèbres de son antique barbarie ». M. Homolle a vu, dans un
rêve, les vierges de l'Acropole s'acheminer
vers la basilique de Reims et consoler les
saintes mutilées comme elles par la jalousie
barbare. M. Lacour-Gayet, en évoquant les
batailles de Barfleur et de la Hougue, nous a
fait revenir au temps où la guerre était « courtoise et loyale » et où les Français avaient en
face d'eux des *gentlemen*. Enfin, M. René Doumic nous a entretenus de celui pour lequel
nous vivons, de même que nous ne vivons
que par lui : le soldat français, « celui qui ne
se bat pas pour l'ambition d'un souverain ou
pour l'impatience de son héritier, pour la
morgue d'une caste de hobereaux ou pour le
gain d'une firme de commerçants, mais pour
sa terre, pour ses provinces perdues, pour
son passé, pour qu'il y ait encore dans le

monde, qui en a besoin, une race française ».

La coupole de l'Institut a résonné de l'écho de ces nobles déclarations et des acclamations qui les ont saluées. Mais « croyez-nous », messieurs les membres correspondants et associés, signataires de l'odieux factum, pourront difficilement s'y *associer*.

XV

NOS MORTS

7 novembre.

A Paris, comme dans toute la France, cette semaine a été celle des morts. Leur souvenir assurément la dépassera, mais il devait se témoigner d'une manière plus aiguë en ces jours de commémoration. C'était le premier salut public adressé aux morts pour la patrie ; le peuple de Paris, en défilant devant quelques tombes, en élevant un massif de fleurs pour tous ceux dont la dépouille est restée dans ces champs de France qui furent des champs d'honneur, a donné avec effusion la piété de ses hommages.

A Bagneux, à Ivry, à Pantin, la foule, suivant le gouverneur militaire de Paris, s'est inclinée devant nos glorieux soldats.

Au carrefour des chemins, autour d'un cyprès, l'arbre des morts, à la verdure persistante, s'étagent depuis le matin les couronnes et les bouquets qui cachent bientôt sa sombre robe sous l'amoncellement des chrysanthèmes, des palmes et des écharpes tricolores. C'est la Ligue des Patriotes, c'est le Souvenir Français, c'est la Préparation militaire, ce sont les camarades de la batterie, c'est aussi le parent, l'ami, l'inconnu, qui sont venus porter des fleurs à ceux qui ont été fauchés dans leur fleur et n'ont pu donner leur fruit.

Vingt-deux ans, vingt ans, dix-neuf ans même, lit-on sur les humbles croix de bois noir plantées sur les tombes alignées. Il y en a de fraîchement recouvertes et d'autres que l'on prépare...; celle-ci disparaît sous les bouquets, celle-là, où flotte un petit pavillon anglais, semble une barque qui veut gagner le large. Sous un ciel mauve, dans une atmosphère pénétrée des tiédeurs d'un après-midi d'automne, tandis qu'une brise légère enlève aux feuillages ce qui leur reste de vie, la foule recueillie glisse plus qu'elle ne marche.

A peine entend-on les pas sur les allées, quelques sanglots réprimés, quelques voix d'enfants qui interrogent et auxquels les mères répondent : « Oui, tu vois, on leur porte des couronnes parce qu'ils nous ont défendus ! » Que dire de plus éloquent ! Et même sur les tombes des ennemis la piété a jeté quelques immortelles ; la mort fait la suprême égalité, et le repos assuré dans la paix n'est que pour ceux qu'elle a frappés. Et puis, il a dû se trouver des mères qui, en faisant ce geste de compassion, ont dû songer à ceux des leurs qui dorment en terre étrangère.

*
* *

Le lendemain de la Toussaint, en ce triste jour que l'Église, depuis des siècles, a consacré aux trépassés, une messe a été célébrée dans la chapelle des Invalides à la mémoire de nos soldats défunts. La cérémonie a été plus que simple, la messe fut basse, l'absoute lue et la chaire muette. Dans le fond de l'église, la foule bigarrée qui se pressait en cohue semblait plus curieuse que recueillie,

mais peu à peu elle dut subir l'empreinte de
l'auguste majesté du lieu et du pieux hommage auquel elle participa. A mes côtés, j'a-
vais un vieux médaillé de 1870 ; le cher
homme attendait avec confiance les tambours
à l'élévation ; il fut déçu, mais quand il entendit les accents suppliants du *Pie Jesu*, il
fondit en larmes, et je compris tout ce qui se
passait en son âme. Il paraît qu'il en fut de
même des dix derniers invalides qui occu-
paient les stalles du chœur et qui avaient
peine à se raidir contre leur émotion. Les
derniers invalides ! Pourquoi, dans cette fréné-
sie de détruire tout ce qui était un symbole,
tout ce qui évoquait une tradition, pourquoi,
il y a quelques années, a-t-on supprimé cette
institution et privé les vieux soldats blessés
de « leur hôtel » ? Ne nous manquent-ils pas,
sur l'esplanade, dans le square, sur la place
Vauban, dans tout ce quartier qu'ils hono-
raient de leur présence ? Ils ne sont plus qu'un
souvenir, et quand nous lisons sur le bas-re-
lief de la porte centrale, où s'inscrit la figure
de Louis XIV : « *Militibus regali munificentia
in perpetuum providens* », nous nous convain-

quons une fois de plus de la fragile durée des choses.

Du moins la célèbre chapelle Saint-Louis garde-t-elle et accroît-elle ses glorieux trophées. Plus que jamais, à la cérémonie de lundi, les drapeaux arrachés à l'ennemi, les anciens et les nouveaux, chantaient la gloire et l'espérance.

Quand du fond de la chapelle on contemplait ces charpies sacrées, trouées par les balles et dentelées par le temps, doucement agitées par la brise venue des verrières, il semblait qu'ils laissassent tomber leurs bénédictions sur la forme de cercueil recouvert d'un drapeau tricolore qui représentait nos chers morts ; et quand on entrevoyait, à travers la grande glace, le baldaquin monumental dressé sous le dôme, près du tombeau du grand empereur, il semblait aussi, à voir la lumière qui en auréolait progressivement la couronne, que nous allions revoir les beaux jours passés !

XVI

LA CROIX-BLEUE

14 novembre.

Nous avons appris, la semaine dernière, qu'une petite sœur ou du moins une petite cousine, à la mode de Grande-Bretagne, était née aux Croix-Rouges de France : la *Croix-Bleue*.

Nous ne possédons encore que très peu de renseignements sur elle, car elle est née à Bordeaux ; nous savons seulement qu'elle est d'origine anglaise, et, à ce titre, nous la saluons courtoisement. D'autre part nous devons estimer que son entrée dans la vie est appréciable, puisqu'elle a été déclarée d'utilité publique.

La *Croix-Bleue*, nous dit-on, « va étendre ses bienfaits à notre cavalerie ». Autrement dit, elle est la Société de secours aux chevaux blessés militaires.

Ainsi donc, pas de confusion. Vous êtes soldat blessé, c'est la Croix-Rouge qui vous secourt ; vous êtes cheval blessé, c'est la *Croix-Bleue*.

Ce n'est qu'une question de nuance.

La *Croix-Bleue* aura ses ambulances, ses automobiles, ses camions, ses médicaments, ses pansements comme l'autre ; seul l'homme de science appelé à lui prêter son concours portera un autre titre que celui de l'autre Croix, ce sera un vétérinaire. De même, il va de soi que, dans les cantines des gares, les cordiaux seront différents.

Enfin il paraît que nous allons avoir pour notre chère cavalerie — je parle des chevaux — des hôpitaux modèles où ils trouveront les meilleurs soins. On verra bientôt les dames de la Croix-Bleue s'activer et dire à l'autorité : « Je vous en prie, donnez-nous des chevaux ».

Mais je suppose leurs louables vœux satisfaits, que va-t-il se passer ? Voici les glorieux blessés ramenés par les brancardiers à l'écurie, pardon, à l'ambulance ; à supposer que ce transport n'ait pas été trop compliqué et que des chevaux auxiliaires et valides aient ramené courageusement leurs frères sur l'arrière, que va-t-on faire d'eux? On les soignera. Sans doute, mais après? Il paraît qu'on espère les guérir, c'est-à-dire les recoudre et les ramener sur le front comme à la *corrida*. Bravo, mais est-ce vraiment possible? Et si cet espoir est vain, renverra-t-on les coursiers éclopés à leur dépôt? C'est bien probable, et alors, l'humanité ou plutôt la chevalerie commandera de les achever.

Oui, ce sera là, vraisemblablement, le véritable office de la *Croix-Bleue* : abattre les chevaux sur les champs de bataille pour abréger leurs souffrances. Pensée généreuse, mais qui ne justifiait peut-être pas à elle seule la création de cette institution. Je veux croire que l'on a surtout en vue, si cela est praticable, de donner un abri aux chevaux fatigués, de manière à les rendre ensuite dans un état plus utilisable à leurs cavaliers, sans quoi on pourrait se demander si, lorsque, malgré les plus vaillants efforts, on peut à peine ramasser nos blessés en première ligne, il y a lieu de réserver une part d'activité pour les animaux.

Ne convient-il pas de remettre les choses au point et les espèces à leur place?

Soyons bons pour les animaux et aussi pour les orchidées, si l'on veut; n'accoutumons pas notre cœur à la dureté ou au gaspillage par des mauvais traitements ou des destructions inutiles, mais n'exagérons rien. Dieu me garde de médire de la Société protectrice des animaux, qui est presque septuagénaire, dont le but est « d'améliorer, par tous les moyens qui sont en son pouvoir, le sort des animaux » et qui, chaque année, obtient et distribue des récompenses pour ses apôtres; cependant reconnaissons que ses généreuses intentions ont des limites et qu'elle n'étend pas sa charité à tant d'animaux qui souffrent aussi, mais que nous ne souffrons pas, tels que punaises, musaraignes ou charançons, et aussi faisans et chevreuils dont nous apprécions la bonté sans la leur rendre. De même si cette compatissante Société a ouvert une campagne contre l'œillère, pourquoi ne pas en faire une autre contre le mors, qui doit sûrement être aussi bien gênant.

Ceci soit dit uniquement pour montrer combien la mesure est difficile à garder et l'égalité aussi, lorsque l'humanité veut fraterniser avec l'animalité. Les termes même de la langue ne peuvent décemment rester les mêmes. L'ambulance des chevaux ne devrait pas porter « une Croix », et quand dans les discours j'entends parler des animaux « martyrs » et du « calvaire » qu'ils montent, ces mots me gênent et me semblent impropres.

La Bible, le grand livre primitif auquel il faut toujours revenir pour voir les choses dans leur simplicité, nous dit que l'homme fut créé à l'image de Dieu et qu'il reçut la *domination* sur tous les animaux qui se meuvent sur la terre. Voilà bien la vérité telle que le sens commun du reste la révèle. Et pour en revenir à la *Croix-Bleue* ou à toute autre institution analogue, elle nous paraît devoir être surtout une œuvre des jours de paix, mais en ces heures terribles où l'on sait que sur les champs de bataille on entend des voix éplorées s'écrier : « A moi l'ambulance! » ah, réservons toute notre ardeur, toutes nos ressources, toute notre activité pour ceux des nôtres qui tombent.

———

XVII

LA SAINT-ALBERT

21 novembre.

Paris et toute la France ont célébré, dimanche dernier, la Saint-Albert.

En ces temps d'angoisses où par devoir et par discipline les cœurs se compriment, il semble qu'ils saisissent avec ivresse les occasions où ils peuvent se dilater et s'épancher sans scrupules. La Bruyère a dit qu'il n'y a pas de plus bel excès que celui de la reconnaissance ; l'âme française le sait bien, et voilà pourquoi, en ce jour anniversaire, toute sa pensée s'est donnée, sans crainte d'être excessive, au noble allié dont la grandeur a dépassé l'infortune.

Dans la matinée, pour célébrer la fête patronale du roi, une messe suivie du *Te Deum* était

dite à la mission belge de la rue de Charonne.
Le temps était gris et triste, mais à mesure
que j'avançais dans la longue rue, je voyais
les flammes des drapeaux belges éclairer les
façades et se multiplier aux fenêtres, et quand
j'arrivai à l'église, quelques minutes avant
l'heure, je trouvai une foule compacte qui en
assiégeait la porte. Je crains que beaucoup de
ceux qui faisaient queue n'aient pu entrer,
car la chapelle était déjà remplie depuis le
matin par un nombre considérable d'assistants, la plupart Flamands, impatients d'en-
tonner le *Te Deum* pour leur roi et leur pays.
A l'ombre de leur drapeau, à l'ombre de celui
du Congo, mélangés aux couleurs françaises
et pontificales, ils sont là les infortunés belges,
se reconnaissant, s'interpellant. Au centre, un
écusson suspendu à la voûte reproduit les
armes de la Belgique, et sa devise : « L'Union
fait la force ». Tandis que je lis l'inscription
tracée sous les lions défenseurs, une ouvrière
me dit avec une charmante simplicité :
« Voyez, monsieur, c'est la devise de notre
ménage, je suis Française et j'ai épousé un
Belge », et elle me présente son mari ; en

même temps, les dalles retentissent de la hallebarde du suisse précédant le clergé ; le chef de la mission belge va recevoir à l'entrée ceux qui sont aussi les augustes interprètes de l'alliance des deux pays, la duchesse de Vendôme, sœur du roi héros, et son mari le duc de Vendôme, qui ont toujours témoigné aux œuvres et aux arts de notre pays une sympathie si éclairée. Que d'émotions durant le *Te Deum* ! On objecterait, peut-être, que cette hymne d'actions de grâces ne devrait résonner sous les voûtes des églises qu'au jour de la victoire complète et grandiose, et la France obéit à ce sentiment de réserve en attendant le couronnement de ses succès de la Marne pour chanter le cantique triomphal. Mais s'il est une nation autorisée à exalter dès maintenant sa gloire, c'est celle qui s'est élevée au-dessus même de la victoire en s'immolant pour le droit, et qui peut s'écrier mieux que toute autre : *Te martyrum candidatus laudat exercitus !* A la fin de la messe une voix magnifique a entonné les *Rameaux*, de Faure, et quand j'entendais bénir celui qui vient au nom du Seigneur, je ne pouvais m'empêcher de penser à ce petit curé d'Auvergne, qui, avant Lloyd George, dénonçant l'horreur d'une « âme de démon », s'était dressé dans son humble chaire de toute la hauteur de sa majesté sacerdotale et avait maudit l'odieux empereur, qui prétend venir au nom du Seigneur, et pour son seul caprice fait verser impitoyablement le sang de la jeunesse et les larmes des femmes !

La cérémonie se termina par des chants patriotiques. Les phrases arrivaient coupées : « Patrie agrandie... Nos aïeux... Liberté chérie... La noble Belgique et son roi... », et la minute vint où l'émotion comprimée fut incapable de se contenir et où, malgré la sainteté du lieu et la gravité de l'office, les applaudissements éclatèrent.

Ils se renouvelèrent, le soir à Notre-Dame lorsque, autour de la chaire de Bossuet et de Lacordaire, l'auditoire frémit en entendant la voix du Père Janvier conter le calvaire et l'héroïsme de la Belgique et de son roi, et s'écrier : « A toute la race belge, honneur et bénédiction dans les siècles des siècles ! » Tandis que la parole enflammée de l'orateur

nous montrait les routes de Bruxelles pleurant comme celles de Jérusalem, et tout le
corps de cette fière nation réduit à l'état de
plaie, revenant à la pensée de mon confrère
André Beaunier, je me disais en songeant à
ce pays désormais allié à nous par le sang :
il lui reste du moins avec son honneur son
sol, ce sol dévasté, pillé et brûlé par le barbare, mais inaccessible dans son âme, et sur
lequel refleuriront les vertus et les arts après
le passage de nos armées victorieuses. « La
Belgique, a dit une fois de plus l'orateur,
représentera toujours aux générations futures
l'image du droit en face de celle de la force. »
Méditons bien ces mots. Ne négligeons pas la
force nécessaire à la protection des faibles,
mais n'en ayons pas le culte, comme cela a
été de mode ces dernières années, même chez
des esprits sages. La force n'est qu'un instrument et qu'un moyen, elle ne doit pas être
aimée pour elle-même. Il faut laisser ce goût
aux parvenus, et nous allons bientôt voir le
pays qui n'a cru que dans la force s'effon-
drer, parce qu'il n'a pas fait passer le droit
avant elle.

XVIII

HORS DE PARIS

28 novembre.

Une obligation familiale m'a amené, comme tant d'autres, à sortir un instant de Paris pour rejoindre un hôpital d'une ville frontière. Je n'avais pas quitté Paris depuis la guerre et, en franchissant les fortifications, en traversant un peu de France, en prenant contact avec une ville proche du front, j'ai passé par les impressions que donne toute vie nouvelle.

Le train s'arrête peu, mais il marche lentement, à l'allure d'un tramway, parfois on le suivrait presque à pied. Il a devant lui les trains militaires qui ne doivent jamais se garer. Cela est très naturel, et, comme je l'entendais dire à un adjudant impératif :

« Tant pis pour les civils qui voyagent. » On a du moins le temps de bien se pénétrer des campagnes que l'on traverse. Quelle douceur d'être sorti des murailles, d'avoir de l'étendue devant soi, de voir un peu de nature et de couleurs, des villages, du ciel où volent des oiseaux, des routes lointaines dont la ligne des arbres épouse l'ondulation des coteaux. La journée froide mais ensoleillée est radieuse, la lumière met son rire sur les façades des maisons, et les arbres gardent encore à l'extrémité de leurs rameaux des feuilles ambrées qui brillent comme des gemmes. A travers les bosquets dépouillés, les châteaux montrent leurs pavillons intacts ; comme par le passé, les villages coquets se serrent autour de leur clocher sans blessures, et les fermes étendent leurs longs bâtiments bas près des sillons qui viennent d'être ensemencés. Nous sommes dans la partie de la vallée de l'Oise que ne put atteindre l'envahisseur, et, à considérer ces paisibles tableaux, on pourrait oublier que la guerre est si près de ces régions. Cependant, un regard attentif ne voit derrière les charrues que des femmes et de grands enfants. Pourquoi, par endroits, ces chênes abattus, ces bouleaux soyeux couchés sur le sol, pourquoi ces passerelles brisées laissent-elles tomber dans l'eau leurs armatures de fer, et aussi pourquoi tant de soldats dans la campagne, soit près de la voie tenant sous le bras leur fusil comme un parapluie, soit marchant en file dans les champs, la pioche sur l'épaule? Enfin, pourquoi la rencontre de ce convoi rempli de zouaves, qui nous font de joyeux appels? On est trop clairement ramené à la réalité : notre pays se bat, et il faut s'arracher à la douceur des pensées qu'il n'est permis d'avoir qu'aux jours de paix. Cette fumée bleue qui s'élève d'un buisson d'herbes sèches et passe son écharpe sur des terres légèrement carminées n'éveille plus les sentiments que donne la poésie des choses, quand on sait qu'un peu plus loin apparaissent les nuages floconneux que font les canons; ces agneaux aux yeux résignés ne sont-ils pas la trop vivante image des victimes qui meurent sans regrets pour la patrie! Voici la neige qui couvre la terre, les arbres n'en ont conservé que des blancheurs à leurs jointures, mais le sol est drapé de son manteau à peine troué par endroits. C'est le triste hiver qui s'amène et donne congé aux derniers feuillages de l'automne. Les routes, les fossés se confondent avec les champs, les bois bleuissent, les rivières deviennent noires, et un crêpe s'étend sur les eaux rosées par le couchant. Les corbeaux s'assemblent en cercle au creux des vallons. le berger ramène hâtivement son troupeau. Oh ! que ce soir neigeux et triste nous rapproche des chers soldats qui, eux, ne seront pas ramenés au bercail et restent à ciel ouvert dans les tranchées humides ! Plus que tout, la glace et l'hiver font songer au foyer, au toit qui protège, à la porte close. C'est pour la garde de nos demeures et de la grande maison qu'est la Patrie qu'ils souffrent et qu'ils tombent, nos soldats ; jamais ceux qui ne combattent pas ne sauront trop s'unir à eux par la piété du souvenir, la générosité et les sacrifices qu'imposent la discipline et le souci du bien commun.

*
* *

Pour bien se rendre compte de l'activité et
de l'union qui font la force de nos armées, il
faut voir une ville frontière toute vibrante de
la vie des camps. Là, le recueillement, la gravité qui ont donné depuis quatre mois à notre
Paris une allure si digne et si fière n'ont plus
la même raison d'être, parce qu'on est à côté
de l'action et que ceux qui passent et qui
repassent en viennent et y reviennent. Ah !
quelle exubérance, quel entrain, chez tous ces
soldats de tout grade, de toute arme, et de
tous pays ! Les cafés, les places, les rues, en
sont encombrés ; leurs convois, leurs autos,
leurs chevaux, se croisent et se recroisent, et
la population civile disparaît à travers les
uniformes. Le froid est intense, et ceux qui
partent pour les tranchées le sentent sûrement et cependant ne paraissent pas le sentir. Dans leurs yeux brillent la confiance et
l'énergie, dans leurs paroles brèves et sono-
res il n'y a place pour aucun propos oiseux,
ni pour aucun jugement dogmatique ; chacun
opère pour sa partie et de son mieux, sans
s'inquiéter du reste ; on s'abandonne aux
chefs et à leur direction, on travaille pour la

grande cause et contre le détestable ennemi, et cela suffit. Du communiqué on lit surtout ce qui se passe au loin, pour le reste on sait bien ce que l'on voit et l'on n'a pas besoin de renseignements.

En même temps quel mélange et quelle heureuse confusion des choses inscrivent harmonieusement l'image de la Patrie ! Sous la grosse capote bleue du soldat se cachent tous les grades. De loin, le colonel et le caporal se ressemblent, il faut être tout près pour que quelques pâles lisérés rappellent les distances. Les variétés sont dans les coiffures, képis, casquettes, shakos, turbans et bonnets de police fraternisent et font alliance.

Et dans un ordre plus intime la même pénétration s'accuse.

A l'entrée des hôpitaux militaires les bureaux sont tenus par des prêtres ; à la messe de midi, où se presse plus d'un millier d'assistants, un soldat chante à l'orgue et invoque Notre-Dame de France. Dans la rue, le soir, on voit, hélas ! passer en file dix corbillards et quelquefois plus. Ils partent pour le champ de la paix et emportent des bières enveloppées dans un linceul tricolore. L'armée seule fait cortège à ces égarés dans la mort qu'on enterre loin de leur village, mais la même croix que celle de leur église précède leur dépouille, c'est un soldat qui la porte...

Rapprochements bénis, sainte union que fait la guerre, puissions-nous vous retrouver, aux jours de paix, lorsque la victoire aura payé sa récompense à tant d'humbles sacrifices et de vertus guerrières !

XIX

APRÈS QUATRE MOIS

5 décembre.

Voici quatre mois que nous sommes en guerre. Ceux des nôtres qui sont sur le front nous écrivent des lettres où palpitent l'ardeur et la confiance, mais ceux que l'âge ou le sexe ont retenus loin de l'action sacrée, ceux particulièrement qui n'ont pas quitté la chère capitale convoitée par l'ennemi, presque atteinte en septembre et si glorieusement protégée par notre armée, en quel état d'esprit sont-ils depuis le 2 août ?

Il suffit de se recueillir et d'aller profondément jusque dans l'intime de son cœur pour reconnaître la différence des impressions présentes avec celles des premiers jours de la mobilisation.

Tout d'abord le cadre d'hier et celui d'aujourd'hui se ressemblent bien peu.

La nature alors était en fête, et l'été nous versait, avec sa griserie, la confiance que donnent la lumière et les horizons clairs. Quelle vie, quel mouvement sur nos boulevards, quand fut connu l'ordre de mobilisation ! C'était, comme le disait très bien un de nos grands quotidiens, le vacarme confus d'une usine en marche ; on s'écrasait dans le métro, on se pressait dans les gares, on prenait d'assaut les voitures, et l'on s'activait fiévreusement sur les voies, tandis que, silencieusement, les gens prudents faisaient queue devant les maisons d'alimentation.

Déjà, pour beaucoup, c'était le jour des adieux. Le soir, dans bien des familles, il y eut des absents, mais l'action n'était pas encore engagée, on avait encore la chaleur de la dernière étreinte et l'espoir que l'on se reverrait. La mobilisation se faisait admirablement, presque d'elle-même, et l'on se disait : il en sera de même de la guerre, elle ne peut durer longtemps, il y a union dans notre alliance, désunion dans l'autre ; c'est une affaire de trois

mois, et quand les feuilles tomberont, les nôtres nous reviendront et nous couvrirons leur
gloire du feuillage persistant des lauriers. Et
l'on sentait bien que l'on s'entraînait peut-être
à l'illusion, mais l'on voulait boire à sa coupe,
ne fût-ce que pour se donner la force nécessaire à l'heure des séparations et éloigner les
ombres entrevues forcément dans le lointain.

Puis l'état de siège fut proclamé, les gares
se vidèrent ; après les régiments partis, on vit
encore passer des soldats gagnant hâtivement
les trains du Nord et de l'Est, et des voyageurs se pressant vers ceux du Midi et de
l'Ouest. Les boutiques se fermèrent et les
ministères aussi. Peu à peu Paris se recueil-
lit, et, de même que dans les rues l'ombre se
fit à 9 heures, il passa aussi sur les fronts un
nuage qui y mit la gravité. Les communiqués
furent notre seule lumière, lumière bien filtrée,
mais dont on guettait avec avidité les rayons
deux fois par jour. Pas une fois, dans la capitale, les espoirs ne faiblirent, même aux jours
où le souffle impur de l'ennemi passa si près
d'elle. Les prodiges qui furent accomplis pour
rejeter l'envahisseur au-delà de la Marne

parurent tout naturels, tant la confiance était grande. Cette confiance était donnée autant par la foi dans la race et le pays que par les assurances jamais démenties des officiers revenant du feu.

Mais, peu à peu, les deuils furent connus et, chaque jour, dans les journaux, s'inscrivit la liste des héros tombés. On vit passer des fourgons fermés par des toiles qui cachaient de la douleur, puis des corbillards éclairés des couleurs du drapeau et de la blancheur des couronnes; on apprit les atrocités allemandes, les atteintes portées à la faiblesse et les destructions systématiques de tout ce qui était un symbole de beauté, on pleura Louvain, Senlis, Reims, Arras, Ypres, et tant d'humbles villages anéantis; on eut le cœur serré à la pensée des innombrables misères, des entreprises ruinées et des malheureux errant sur les chemins de France à la recherche d'un toit, tandis que, dans les tranchées, les défenseurs arrêtaient l'envahissement et vivaient dans l'accomplissement de leur devoir et l'ignorance de leur héroïsme. On connut les dépêches vous appelant aux hôpitaux, et l'on prit contact avec les glorieux blessés, souffrant sans plaintes, et esquissant un sourire d'espoir ou de résignation. Comment désormais les pensées de ceux qui ne combattent pas ne seraient-elles pas, à toute heure, hantées par le cauchemar de la guerre, et en union constante avec ceux qui sont notre rempart ! Et voici que la nature revêt aussi nos tristesses ; ce n'est plus le soleil du départ, mais les voiles gris de l'automne et de l'hiver qui sont tombés sur la capitale, de même que les crêpes ont endeuillé tant de fronts ! Les trois mois sont passés, et plus ; il faut s'apprêter encore à bien des douleurs, des attentes et des émotions ; on a déjà eu sa part et il faut se dire qu'elle peut encore s'accroître...

Et cependant ! Voudrions-nous revenir aux premiers jours ? Ah certes, on ne saurait demander à ceux qui furent frappés dans leurs affections les plus intimes des sacrifices au-dessus de la nature et penser qu'ils puissent ne pas regretter le temps où des existences chéries étaient encore sauvegardées ; mais, si, planant au-dessus des douleurs privées, présentes ou futures, nous voulons, même avec les Français que la guerre a éprouvés, ne songer qu'à la Patrie, dont l'existence est la condition de la nôtre, il faut reconnaître, il faut dire que nous ne changerions pas aujourd'hui pour hier. Nous sommes en Alsace et nos alliés les Russes en Allemagne. Nos amis Anglais et Belges combattent avec nous et épaisissent les murailles d'hommes contre lesquelles vient se briser le flot des barbares. Sans doute ceux-ci sont entrés dans notre pays, mais après s'y être usés depuis trois mois, devant une ligne savamment étendue par l'habileté d'un chef servie par une héroïque armée, ils sont à la veille de se replier et de publier leur impuissance. Ah oui, les jours présents sont encore sombres, mais l'espoir y met peu à peu sa lumière, et il diffère de celui du début, parce que cette fois il jaillit des réalités. — « Le jour où il deviendra possible de passer en revue quelques-uns des actes de dévouement et de courage qui s'accomplissent quotidiennement parmi vous, a dit M. Poincaré au général Joffre, il sera démontré par les faits que jamais, au cours des siècles, la France n'a eu une armée plus belle et plus consciente de ses devoirs ! » Et songeant au lendemain, le président de la République a fièrement ajouté : « La France poursuivra jusqu'au bout, par l'inviolable union de tous ses enfants et avec le persévérant concours de ses alliés, l'œuvre de libération européenne qui est commencée, et lorsqu'elle l'aura couronnée, elle trouvera, sous les auspices de ses morts, une vie plus intense dans la gloire, la concorde et la sécurité ! »

Restons sur ces mots, et puissent, aux jours bénis de la paix, tant de sacrifices consommés nous donner le ciment de la concorde si bien évoquée entre la gloire et la sécurité ! Rappelons-nous alors que c'est sous les auspices de nos morts que le chef du pays a fait appel à l'union de la nation, et songeons que pour les familles endeuillées ce sera une suprême consolation de se dire que le trépas des leurs aura servi la cause de la Paix comme celle de la Guerre.

« Et la mort sera ensevelie dans la victoire ! »

XX

LE LIVRE JAUNE

12 décembre

Un livre a paru la semaine dernière dont 10.000 exemplaires ont été enlevés le premier jour. Déjà il est épuisé, et ceux qui le réclament doivent encore attendre quelque temps, ce qui, soit dit en passant, est regrettable. On connaissait depuis longtemps, au moins de nom, ce livre, car il appartient à une collection plutôt célèbre. Cependant, jusqu'ici, il n'avait jamais été mis en libraire; quelques privilégiés seuls le recevaient, on en parlait sans le lire, ou du moins se confiait-on à la presse pour en recevoir la substance.

Il en va tout autrement aujourd'hui; la gravité des temps a donné au *Livre jaune* une armée de lecteurs, et c'est avec raison que la

librairie Hachette a pu dire en le répandant :
« Jamais encore à aucune époque de l'histoire
pareil témoignage d'une aussi vibrante actua-
lité n'avait été proposé au jugement impartial
des peuples. »

C'est avec émotion, je dirai presque, c'est
avec passion que l'on poursuit la lecture de
ces documents qui sont de la vie transcrite,
et où se révèle, avec autant d'amour de la
paix que de fierté devant la guerre, l'attitude
de la France et de ses alliés. Mais c'est une
lecture à la fois serrée et sans liens, avec des
répétitions qui en font la force ; ce n'est pas
à vrai dire un livre, c'est un dossier, bourré
de pièces et d'annexes, c'est en quelque sorte
le code de notre action diplomatique avec
cette grave inscription : « La guerre européenne. » Ceci dit pour éviter toute déconvenue
à ceux qui jusqu'ici n'ont pas été familiarisés
avec ce genre de publication, et lui attribue-
raient une autre forme. Il serait à souhaiter
du reste, qu'un historien fît de cette épaisse
brochure un court et lumineux extrait qui
serait répandu à profusion en France et au
dehors, et irait porter dans chaque foyer la

vérité sur les agissements de la France et sur ceux de l'Allemagne.

Je voudrais seulement, ici, souligner quelques précisions de ce Livre jaune, qui fait tant d'honneur à notre pays.

*
* *

La fausseté allemande éclate dès la première page. Notre ambassadeur à Berlin, M. Jules Cambon, montre comment l'Allemagne présente comme une réponse à la provocation française l'augmentation de ses forces, alors que nul n'ignore que le rétablissement du service de trois ans en France a été la conséquence des initiatives de l'Allemagne.

La dépêche de notre représentant est datée du 17 mars 1913, et, déjà, à cette époque avec une clairvoyance qui ne défaillit jamais M. Jules Cambon estime que la situation est *grave*. Dès ce jour, l'Allemagne *veut* la guerre, elle la prépare, et elle y entraîne le pays en exaltant le sentiment patriotique, et en rappelant la lutte contre la France par la commémoration des jours de 1813.

N'oublions pas qu'une patriotique riposte se fit en France, et que la mémoire des grandes dates suscita aussi dans notre pays de fécondes émotions. L'année dernière, à pareille époque, la *Revue Hebdomadaire* ouvrait une série de conférences sur le *Centenaire de 1814*, et historiens et littérateurs éclairaient les esprits à la lumière de l'expérience et élevaient les cœurs au souvenir des grands faits accomplis.

L'Allemagne n'admettait pas cette résurrection nationale qui datait d'Agadir. Elle découvrait une France nouvelle, insoupçonnée, et qui osait lui tenir tête ; son sursaut patriotique déchaîne chez elle une véritable colère. « C'est une provocation, s'écrie dans un salon, en apprenant nos projets militaires, un membre du Reichstag, nous ne le permettrons pas! » Il faut que la France descende au rang de puissance secondaire, sans espoir de revanche, sans même visées d'expansion mondiale. C'est à cette France que l'Allemagne promet la paix, mais si elle prétend augmenter les forces de son armée, « sortir du suaire dans lequel on la contemplait s'enseve-

lissant depuis dix ans », alors on lui déclarera
sans tarder cette guerre qu'elle a l'insolence
de ne plus craindre, on s'y prépare, et l'on
choisira l'heure.

Dès 1913, l'œuvre de nos ennemis se des-
sine.

L'Allemagne rappellera aux siens que nous
sommes l'ennemi héréditaire, et que nous
serons les agresseurs ; elle fera pénétrer dans
le peuple l'idée que les armements de l'Empire sont une réponse aux armements et à la
politique française. « Il faudra susciter des
troubles dans le nord de l'Afrique et en Russie ; c'est un moyen d'absorber les forces de
l'adversaire. Ces soulèvements au dehors pro-
voqués en temps de guerre doivent avoir une
tête dirigeante que l'on peut trouver dans
des chefs influents religieux ou politiques.
L'école égyptienne y est particulièrement
apte... »

« Quant aux petits États, continue de dire le
rapport officiel et secret sur le renforcement
de l'armée allemande, il faudra qu'ils soient
contraints à nous suivre ou qu'ils soient
domptés. Dans certaines conditions leurs ar-

mées et leurs places fortes peuvent êtres rapidement vaincues ou neutralisées, ce qui pourrait être vraisemblablement le cas pour la *Belgique* et la *Hollande*. »

Mais il faut se donner aussi le prestige du droit et de la culture, et la vertueuse Allemagne y songe : « Un ultimatum à brève échéance que doit suivre immédiatement l'invasion permettra de justifier suffisamment notre action *au point de vue du droit des gens !* »

Tout cela pour l'apparence, car on n'est pas des Belges et l'on n'aura pas comme eux la candeur de se laisser arrêter par des devoirs : « Il faut laisser de côté, dit le général de Moltke, les lieux communs sur la responsabilité de l'agresseur. »

Ces « *lieux communs* » font un joli pendant aux « *chiffons de papiers* ».

C'est le 6 mai 1913, plus d'un an avant la déclaration de guerre, que M. Jules Cambon transmet ces renseignements à notre gouvernement, et il conclut ainsi : « Ces gens-ci ne craignent pas la guerre, ils en acceptent pleinement la possibilité et ils ont pris leurs mesures en conséquence. *Ils veulent être toujours prêts...* Cette leçon peut être utile à méditer dans le moment où le gouvernement de la République demande au Parlement les moyens de fortifier le pays. »

On sait comment cette leçon fut heureusement méditée alors et par le gouvernement et par la majorité du Parlement, mais le pays n'oubliera jamais que, quelques mois après ces avertissements, des ministres et des députés travaillèrent au retour du service de deux ans !

Il n'était que temps que la guerre arrivât !

Rendons hommage, du moins, à tous nos agents qui nous prévinrent sans cesse du danger, à notre ambassadeur à Berlin, M. Jules Cambon, à notre ministre à Munich, M. Allizé, à nos attachés militaires et naval, le colonel Pellé, le lieutenant-colonel Serret, le commandant de Faramond, et à nos consuls.

Ils ne cessèrent de nous dénoncer la haine de la presse germanique, le souci de l'Allemagne de nous tenir en tutelle, sa surprise et sa révolte devant notre réveil national, ses préparatifs pour une offensive foudroyante, sa

puissante organisation militaire et aussi cet
incommensurable orgueil qui va la perdre
parce qu'elle n'a pu admettre une défaillance
dans ses calculs. « Nous sommes des exacts et
des ponctuels, disent nos ennemis, et vous ne
l'êtes pas. » C'est vrai, mais les Français sont
aussi autre chose que n'ont pas su voir les
Allemands.

*
* *

C'est pour cela qu'ils vont perdre les provinces annexées et qu'ils n'auront pas « ce comté
de Bourgogne et cette belle part de la Lorraine » convoités par leur avidité ; c'est pour
cela que les fabricants de canons et de pla-
ques d'acier, les grands marchands qui demandent de plus grands marchés, et les banquiers
qui spéculent déjà sur la prochaine indem-
nité, vont s'apercevoir que la guerre n'est
pas pour eux la bonne affaire qu'ils espéraient ; c'est pour cela que messieurs les historiens, philosophes, publicistes et autres apo-
logistes de la « Deutsche Kultur », que quelques naïfs voudraient encore ménager chez

nous, ne pourront pas imposer au monde une
manière de sentir et de penser qui soit spéci-
fiquement allemande ; enfin, c'est pour cela
que messieurs les diplomates allemands, qui
ont tant manqué de psychologie, qui n'ont
pas cru à l'efficacité de l'alliance russe, à la
réalité de l'entente anglaise, à la résistance de
la Belgique et à la neutralité de l'Italie, con-
naîtront l'insuccès complet de leurs intrigues
et recourront vainement à la Force, créatrice
du succès, qui, d'après eux, justifie tout.

XXI

A L'INSTITUT

19 décembre.

L'Académie des Sciences morales et politiques a tenu, la semaine dernière, sa séance publique annuelle. Son président, M. Henri Bergson, a ouvert la réunion par un discours qui fut la plus éloquente et la plus vigoureuse protestation contre les horreurs commises par l'Allemagne.

Il conquit immédiatement l'attention de son auditoire et parce qu'il eut l'art d'entrer, tout de suite, dans son sujet, ce qui est plutôt rare chez les orateurs, et parce qu'il sut lire et se lire, ce qui est encore plus rare.

D'une voix pénétrante et douce, émue par instants, insistante quand il le fallait, il caressa les esprits et les tint sans cesse en éveil.

Le début du discours est à citer, et toute la suite le vaut :

« Quand vous me fîtes l'honneur de m'appeler à la présidence de notre Académie, je vantai, vous vous en souvenez, le calme de nos réunions ; je ne prévoyais pas que je viendrais à la séance la plus solennelle de l'année, mû par une force supérieure à ma volonté, jeter, du haut de cette tribune, un cri d'horreur et d'indignation. Représentant d'une compagnie qui n'a jamais cessé de travailler au progrès de la morale et du droit, qui compta toujours parmi ses membres les juristes les plus éminents, qui a tant contribué par eux à poser les principes régulateurs des rapports entre nations, je sens que c'est elle, je sens que ce sont eux, les vivants et les morts, qui protestent par ma voix, qui vouent à l'universelle exécration les crimes méthodiquement commis par l'Allemagne : incendie, pillage, destruction de monuments, massacre de femmes et d'enfants, violation de toutes les lois de la guerre. La civilisation avait déjà connu, sur tel ou tel de ces points, des retours offensifs de la barbarie ; mais c'est la première fois que toutes les puissances du mal se dressent ensemble, coalisées pour lui donner l'assaut... On a dit que le dernier mot de la philosophie était : comprendre et ne pas s'indigner. Je n'en crois rien, et, si j'avais à choisir, j'aimerais encore mieux, devant le crime, m'indigner et ne pas comprendre. »

La place nous manque pour continuer les citations. C'est regrettable. Que M. Bergson nous permette du moins de le remercier d'avoir dit son fait à Gobineau, « cet écrivain que nous n'avons pas lu et que l'Allemagne hissa à la célébrité pour se prouver à elle-même qu'il y a des races prédestinées ! » Gobineau ! se doute-t-on de l'énergie qu'il faut à un directeur de Revue pour lutter contre l'ardeur de certaines gens à répandre la renommée d'un médiocre ! Un jour arrive heureusement où l'on est récompensé de n'avoir pas voulu « marcher ».

**

Par contre, s'il est un homme auquel l'étranger n'a cessé de rendre un juste hommage et ayant fait honneur à la France, plus peut-être qu'elle ne s'en est doutée, c'est bien le regretté et cher Anatole Leroy-Beaulieu. M. René Stourm en a parlé, ce même jour, non pas seulement en confrère, mais en ami qui connut, apprécia et aima celui dont quelques privilégiés garderont un impérissable souvenir. Il y a du reste dans la manière de M. Stourm, dans sa réserve souriante, dans sa finesse, un peu de la manière d'Anatole Leroy-Beaulieu, et on aimait à l'entendre élogié par lui.

M. Stourm a pris Anatole Leroy-Beaulieu au début même de sa vie. Il a dit ses succès au lycée où lui et son père se disputaient les prix dans la même classe, les premières empreintes qu'il reçut de l'étranger quand il allait voir sa mère en Italie, son initiative, son travail personnel pour se faire tout seul sa voie, en dehors des routes officielles, l'éveil de ses sympathies pour les peuples opprimés, pour Venise captive, pour la Pologne écrasée, pour les Hongrois, pour les Grecs, et plus tard surtout pour les Alsaciens, enfin la vraie mission de sa vie : la révélation de la Russie.

Après plus de dix années de travail et de longs séjours dans le grand pays qui devait devenir notre allié vingt ans après, il publia son bel ouvrage : l'*Empire des tzars et la Russie*. Il décrivit la terre russe et les races qui la couvrent, sa hiérarchie sociale, sa religion. Il s'éprit, si l'on peut dire, du paysan russe, rude mais naïf, ayant encore la sainteté primitive, grandie par la souffrance et la résignation évangélique. On sait quel hommage a rendu Melchior de Vogüé à ce précurseur :

« Un nom domine tous les autres, a-t-il écrit : celui de notre aîné et de notre maître à tous, Anatole Leroy-Beaulieu. Bien avant nous, dès le lendemain de la guerre, il a vu, prévu, il nous a graduellement et complètement révélé le grand pays ignoré, il nous a stimulés à marcher sur ses traces pour glaner le peu qui restait après lui. Si la vérité et la justice ne sont pas de vains mots, quand on fera l'histoire de la découverte du monde slave par les Français, on rapportera à ce ferme et persévérant esprit le gros œuvre, la meilleure part d'honneur, la cause première des plus grands effets. Les imitateurs qu'il a

suscités seraient bien ingrats s'ils n'en ren-
daient pas témoignage. » Aussi M. René
Stourm a-t-il bien raison de dire : « *L'Empire
des Tzars* fut bien le livre unique par excel-
lence sorti de la plume d'Anatole Leroy-Beaulieu... cette immense encyclopédie embras-
sant, pour ainsi dire, à propos de la Russie, la
science entière du mécanisme des nations, va
constituer le trésor dans lequel l'auteur pui-
sera désormais les éléments de tous ses tra-
vaux. »

Anatole Leroy-Beaulieu vit l'alliance franco-
russe, il fut témoin de l'union entre l'empire
aristocratique, et la République démocra-
tique, mais ce rapprochement que ses écrits
et sa propagande avaient sûrement préparé,
il ne devait le connaître que dans la paix et
non « sur les champs de bataille, où le sang
des soldats cimente l'alliance des deux nations ».

Mais, d'autre part, il n'échappa point à la
tristesse des luttes et des proscriptions qui
émurent son âme généreuse. Lui, qui fut un
chrétien par le dedans et qui aima la liberté
jusqu'à l'obsession, il souffrit plus qu'on ne

saurait le dire de la séparation de l'Église et
de l'État et surtout de la dispersion des congrégations religieuses, propre à amener l'af-
faiblissement et peut-être bientôt l'anéantis-
sement du protectorat français des catholiques
en Orient. Pour défendre leur cau e, cet
homme aussi intrépide que doux affronta les
réunions publiques, c'est-à-dire n'hésita pas
à affirmer sa pensée devant des minorités ta-
pageuses et obstructionnistes. Il avait toutes
les qualités de l'apôtre, il en avait aussi l'attitude. M. Stourm le voit sous les traits d'un
Savonarole « pâle de visage, avec son regard
perçant et son nez d'aigle ». D'autres l'ont
bien des fois comparé à un christ, à un christ
douloureux dont la douce et pensive figure
semblait nimbée par la chevelure.

A ceux qui ne le connaissaient pas, il pouvait paraître un peu distant ou plutôt distrait,
mais pour les amis qui l'approchaient, quel
compagnon, quel maître! Combien ses yeux
brillants s'éclairaient de bonté et de plaisir
quand on allait le visiter! Avec un demi-
sourire, presque à voix basse, il vous entretenait lentement et parfois fébrilement des cho-

ses qui faisaient l'objet d'une conviction commune, se penchant de préférence sur la jeunesse, soit pour lui apprendre l'étranger, soit pour apprendre la France à ceux du dehors. Et il n'aima pas à donner seulement à ses amis l'hospitalité de son esprit, mais aussi celle de sa maison. Aidé de la compagne qui s'associa à toute sa vie et « suppléa à son ignorance des choses matérielles », il présidait chaque semaine les réunions intimes de ce salon charmant où se rencontraient des gens de bords différents, mais de mentalité semblable. Sa santé chancelante ne l'arrêta jamais dans son activité : travail incessant, voyages fatigants, il mena tout de front jusqu'à la fin, même quand les plus douloureux deuils l'eurent éprouvé. Son esprit ne plia jamais, mais un jour arriva où son corps si frêle fut vaincu. Il recevait encore ses amis, mais d'un geste las, il faisait signe à l'un ou à l'autre de venir s'asseoir et s'entretenir près de lui, et l'on retrouvait dans ses paroles la même ardeur, la même jeunesse que par le passé. Puis nous ne le vîmes plus qu'à de rares intervalles dans sa chambre, marqué

déjà du doïgt de la mort. Il gardait son calme,
faisait des projets ou plutôt s'intéressait surtout à ceux de ses amis. Enfin, un soir, ses
dernières forces l'abandonnèrent tout à fait,
il s'éteignit le crucifix entre les mains.
M. René Stourm a bien dit : « C'est un pur
esprit qui remonta au ciel. » Peu d'hommes ont
donné autant que lui le sentiment d'une âme.

*
* *

Après tant d'autres, un jeune homme, un
tout jeune homme de 18 ans, qui, dès le
début de la guerre, s'était engagé et avait disposé de toutes ses forces pour aller le plus
vite possible au front, vient de tomber devant
l'ennemi, en Alsace, en France ! Il s'appelait
Max Barthou, il était le fils unique de l'homme
d'État qui triompha de tous les obstacles pour
assurer à notre pays l'augmentation du nombre de ses soldats.

Le père et l'enfant ont tous deux donné
leur énergie à la Patrie. Que cette pensée de
la solidarité dans la vaillance soit une consolation pour celui qui reste.

XXII

NOËL

26 décembre

A minuit, entouré de sa compagnie, il avait célébré sa messe dans l'anfracture d'une carrière rappelant la grotte de Bethléem, puis, les prières terminées, il était allé reprendre son poste dans la tranchée, et, après avoir fait faction, s'était couché dans la paille, brisé d'émotions et de fatigue, attendant le sommeil.

La tranchée était de seconde ligne, et, à travers la broussaille qui la couvrait, il contempla les étoiles jusqu'au moment où ses paupières alourdies se fermèrent.

Mais voici qu'au bout d'un moment il entendit un léger bruit à travers les branchages; d'un bond il voulut se lever et appeler, mais il sentit ses jambes paralysées et sa voix étranglée. Impossible de bouger et de crier : une sorte de douce langueur enveloppait tout son être, son cœur s'attendrissait et ses yeux se mouillaient. Un petit enfant, au front rayonnant, marchait avec précaution à travers les feuilles mortes et suspendait aux rameaux emmêlés de petits paquets tricolores et de lourdes oranges. La brise balançait leurs boules d'or, et il revint à l'esprit du soldat la vieille charade que lui répétait l'aïeule chérie : métal précieux, habitant des cieux, fruit délicieux ! Et cependant cet enfant n'était pas un ange, il n'avait pas d'ailes ; enveloppé dans sa chevelure blonde et sa petite chemise, il aurait paru semblable aux autres enfants qu'on voit sur la terre, si un cercle d'or n'avait encadré sa divine figure.

Le soldat-prêtre le reconnut bien, et, les mains jointes, il l'adora en rêvant. Il se revit, lui aussi, petit enfant, guidé par sa mère devant une crèche où dormait, comme lui aujourd'hui sur la paille et sous la nuit bleue, un nouveau-né qui lui tendait les bras. Confondant le passé avec le présent, les choses lui apparurent différemment ; l'airain des canons prit à ses yeux une autre forme et leur grondement se changea en carillons qui le firent tressaillir, tandis que leur fumée lui apporta un parfum d'encens.

Où était-il donc à cette heure ? Que se passait-il ? Comment se trouvait-il étendu par cette froide nuit dans cette immense plaine ? Il comprenait bien qu'il assistait à un drame, et les images de la guerre repassaient devant ses yeux en même temps que les versets de l'Écriture revenaient à sa mémoire et assaillaient son esprit, comme des flots impétueux.

Il avait été élevé dans la paix et pour la paix et n'avait pas cru connaître la guerre. Il se rappelait qu'à la veille d'être déchaînée, le vieillard blanc, le pasteur des peuples près de mourir, avait fait vainement un geste aux empereurs pour conjurer l'horrible calamité, et les « rois de la terre s'étaient levés, et les princes s'étaient ligués ensemble contre le Seigneur et contre son Christ ». Mais en songeant à ceux qui, depuis longtemps, avaient préparé le carnage, un verset surtout obsédait sa mémoire : « Durant quarante années,

j'ai couvert de ma protection cette génération et j'ai dit : C'est un peuple dont le
cœur est égaré, ils ne connaissent pas mes
voies... »

O César auguste, Cyrinus et Hérode, pen-
sait-il, combien vous et vos pareils êtes incapables de comprendre, en ce jour, l'avènement de celui dont l'abaissement déconcerte
votre orgueil et votre avidité! Il naît d'une
humble vierge mariée à un artisan, hors de
la maison de ses parents, dans une étable, où
il n'a pour témoins de sa venue au monde
que des animaux, et pour premiers visiteurs
que des gardeurs de troupeaux ! Il descend des
nuées et cependant les anges ne l'ont pas accompagné, ils sont restés au plus haut des cieux
et chantent : « Paix sur la terre aux hommes
de bonne volonté. » La paix ! Voilà près de
deux mille ans que les anges l'appellent et que
les hommes la refusent au Roi pacifique, à
ce petit enfant de mansuétude « qui a reçu
l'huile en partage pour la répandre sur les
plaies », en qui reposent « la bénignité et l'humanité », qui vient « racheter le faible et
briser l'oppresseur... arracher le pauvre de la

main du puissant ». Il devait donner la paix
à la terre, et les hommes continuent de se
tuer ; il devait amener la réconciliation avec
les gentils, et les hommes continuent de se
disputer ; le glaive ne devait plus se tirer
que pour la Justice, et il est encore sorti du
fourreau pour commettre l'iniquité !...

Et la rosée tombait sur la tranchée pareille
à celle qu'annonçaient les prophètes à la
terre haletante. « O Cieux, disait le soldat,
faites encore pleuvoir le Juste : *Rorate cœli
desuper*... Que cette rosée soit la santé des
infirmes... qu'elle imbibe ce sol aride de
notre âge, qu'elle lave dans l'effusion de la
grâce les iniquités passées et verse sur les
croyants l'éternelle lumière de justice ! »

Mais peu à peu la nuit se dissipait, le son
des cloches s'éteignait et celui du canon reve-
nait ; l'enfant divin déjà ne semblait plus
qu'un doux fantôme prêt à s'évanouir. Alors
le soldat se leva tout debout dans la tranchée ; las des luttes de la vie, il appelait le
sacrifice et la délivrance, et tendant les bras
vers le *parvulus* : « Oh ! dit-il, emmène-moi
avec toi, *sitivit in te anima mea !* » Mais l'en-

fant, le pénétrant de son profond regard, lui fit signe de demeurer à son poste, et, prenant deux rameaux de hêtre, il les croisa et lui dit en disparaissant : *In hoc signo vinces.*

XXIII

ÉTRENNES 1915

1ᵉʳ janvier 1915.

Nous sommes aux jours d'étrennes. En dehors de celles qui sont envoyées à nos chers soldats, surtout à titre de souvenirs, il s'en donnera peu cette année. On en réservera quelques-unes pour les tout petits qui ne peuvent comprendre et dont il est doux de faire briller les yeux, et aussi pour les vieux amis, les vieilles amies auxquelles on a à cœur de garder la fidélité d'un hommage, si modeste soit-il. Mais en réalité, ce n'est pas l'heure des cadeaux, les choses disparaissent pour l'instant, à moins qu'elles ne soient en fonction du grand drame, et elles font place aux idées qui se traduisent par des mots. Des mots ! dira-t-on. Eh oui, ils deviennent sacrés, lorsqu'ils sont des leviers d'action ; on ne saurait trop en faire la distribution. Aussi nous faut-il remercier MM. Maurice Donnay, Étienne Lamy, Viviani et Paul Deschanel, des étrennes qu'ils nous ont données, et aussi tant d'inconnus, tant d'humbles êtres qui ont si bien traduit les sentiments de notre France, et lui gardent son âme, tandis que l'intrépidité des autres défend sa terre.

*
* *

M. Maurice Donnay avait l'heureuse fortune de parler, cette année, à l'Académie, de la vertu, cette belle chose qui, en latin, signifie d'abord courage. Sa revision devait sans doute porter sur les œuvres accomplies dans l'année précédente, mais comment aurait-il pu ne pas empiéter sur le présent, lorsque venaient à ses lèvres les mots : « Honneur, patrie, foi, devoir, courage, espoir, revanche ! » Pour arriver à la vraie source des abnégations et des dévouements discrets, il a dû aller chez les sœurs de Saint-Vincent de Paul à Salonique, chez les oblates de l'Assomption en

Orient, chez les Pères de l'Assomption à Philippopoli, chez tous ces admirables Français, qui, avant que la guerre ne les réclamât, ne pouvaient plus exercer qu'au loin leur action charitable et civilisatrice. Dans les luttes balkaniques cette action s'est manifestée héroïquement. Quel saisissant rapprochement ! Les mots : tueries, massacres, obus, caves, gangrène, ambulances, infirmières, réfugiés, émigrés, ces mots avec lesquels nous sommes, hélas ! si familiarisés depuis cinq mois, reviennent sans cesse dans le discours de l'orateur. C'est à travers les dangers, les contagions et les misères que passent les religieux en prêtant leurs secours. Quand les villes se vident, quand tous fuient, elles restent à leur poste, c'est-à-dire à leurs malades, ces sœurs angéliques dont le nom seul met une lumière à travers tant d'horreurs, mère Jeanne de Chantal, mère Borromée, mère Cyrille, sœur Regina, sœur Immaculée... Le secret de leur dévouement, on le connaît, il est dans l'amour qu'elles portent à leur céleste époux. « Ma sœur, avez-vous un *effendi* (mari) ? » dit une musulmane à une fille de la Charité. — « C'est

Allah qui est notre *effendi* à toutes », répond
la sœur.

Puissent-ils, ces missionnaires, de culture
et de vertus françaises, continuer leur admirable propagande et ne pas être obligés de
céder la place à des Allemands, au cas où la
France refuserait encore d'abriter leurs novi-
ciats !

« L'influence française en Orient, a dit excel-
lement M. Maurice Donnay, est douce comme
le mot lui-même ; l'influence étymologique-
ment, c'est quelque chose de fluide ; c'est une
conquête, mais par l'instruction, par l'éducation, par des exemples de charité, d'honneur,
de vertu ; c'est une conquête par la persua-
sion, par un langage qui est parmi les plus
harmonieux et les plus nuancés, par une littérature qui contient de belles maximes, de
nobles et claires idées et propose à l'humanité
les plus hautes raisons de vivre. »

Cette littérature française, M. Étienne Lamy
en retrace dans la même journée une magnifique image. Ce nous fut encore une douce
étrenne. Il se contenta d'offrir à ses auditeurs
le palmarès des œuvres couronnées ; puis, au

lieu d'élogier les lauréats à la manière accou-
tumée, il voulut planer au-dessus des lauriers, dans la lumière qui dore leur feuillage,
lumière qui ne cessera d'inspirer les défenseurs de la vraie culture. Avec un grand art il
signala les évolutions de notre littérature,
hier et aujourd'hui. L'évolution du dix-hui-
tième siècle, où le droit individuel s'affirma
avec une ivresse frénétique, où « l'irréligion
étant considérée comme une supériorité de
l'esprit fut rendue désirable aux ignorants et
regardée comme une présomption de culture » !

Que tout cela est changé ! Car comme l'a
très bien dit Maurice Donnay, dont on aime
à emmêler la pensée avec celle d'Étienne
Lamy : « N'écoutons pas ceux qui prétendent
que rien ne sera changé après la guerre ; non,
rien ne pourra désunir ce que la patrie a
uni... » La France a été reforgée par les coups
de la guerre. « Un grand souffle de foi religieuse s'est levé, a dit M. Lamy, et par cette
foi dont l'énergie semble nouvelle, la France
revient à la plus vieille de ses traditions... »
Au Parlement comme à l'Académie la pen-

sée s'est élevée aux mêmes hauteurs, et il est bien vrai de dire, avec le secrétaire perpétuel, qu'en ce moment chacun offre à la Patrie ce à quoi il tient le plus. Il faut lire dans son entier le discours de M. Viviani pour n'échapper à aucun des frémissements qui ont soulevé la Chambre en entendant la traduction si éloquente des sentiments du pays. Oui, il n'y a pour l'heure qu'une politique, « le combat sans merci », et, grâce à Dieu, ce combat ne s'exerce plus que contre les ennemis du dehors ; c'est la continuation de l'union sacrée proclamée, dès le 4 août, par le Président de la République. « C'est le cri que répètent tous les Français, après avoir fait disparaître les désaccords où nous nous sommes souvent acharnés et qu'un ennemi aveugle avait pris pour des divisions irrémédiables. C'est le cri qui s'élève des tranchées glorieuses où la France a jeté toute sa jeunesse et toute sa virilité ! »

Ah ! que les étrennes de cette concorde soient durables, qu'elles s'étendent à toute la France, qu'elles arrivent jusqu'aux préfectures et aux hameaux, aux commissions d'allocation, aux bureaux de bienfaisance, chez nos amis et chez ceux qui ne le furent pas, qu'elles apaisent les mémoires impeccables, qu'elles détendent les cœurs recroquevillés, qu'elles calment les impatiences trop vives. Et en faisant ces souhaits, puisque c'est l'époque d'en faire, ne pensons pas seulement à ceux que des différences d'idées éloignent de nous, mais à nous-mêmes ; réformons-nous, amendons-nous, ne gardons que l'absolu de nos revendications, faisons tous les sacrifices que l'honneur permet, afin d'obtenir des autres l'abandon des vieilles entraves qui embarrassent encore notre pays, comme, à l'approche du printemps, les broussailles arrêtent l'essor des jeunes tiges.

C'est la loi de l'existence, loi cruelle et consolante, que la vie sorte de la mort ; et c'est pourquoi M. Paul Deschanel a été hautement inspiré, « en cette heure divine », d'en appeler à ceux qui sont tombés pour continuer jusqu'au bout l'action héroïque : « Le monde veut vivre enfin. L'Europe veut respirer. Les peuples entendent disposer librement d'eux-mêmes. Demain, après-demain, je ne sais !

Mais ce qui est sûr, — j'atteste nos morts ! — c'est que tous, jusqu'au bout, nous ferons tout notre devoir, pour réaliser la pensée de notre race : Le Droit prime la Force ! »

Ce n'est qu'en songeant à la libération de la Patrie qu'on peut trouver quelques consolations à tant de fins prématurées. Hier matin, une fois de plus, j'assistais à un de ces services où, au milieu des drapeaux tricolores, le prêtre bénit un drap mortuaire jeté sur les degrés de l'autel pour figurer la dépouille qui n'est même pas là, et, entendant le chant plaintif du *Requiem* en mémoire d'un jeune saint-cyrien tué en commandant une compagnie, je me disais que ce sacrifice d'une si charmante adolescence nous vaudrait, avec tant d'autres, la régénération de notre pays, en même temps qu'il réclamait de ceux qui restaient une inlassable abnégation. Oui, chère jeunesse qui nous avez donné les étrennes de votre sang, de même que votre trépas a fait passer pour toujours une ombre sur nos fronts, votre vaillance aura pour nos âmes la force d'un exemple, nous mourrons à nos rancunes, à nos petitesses, à nos violences, à nos égoïsmes, et puisque vous avez donné à la France un peu plus de terre, nous travaillerons à lui donner un peu plus d'air.

D'ailleurs la bonne brise déjà ne se lève-t-elle pas, et tandis que, sur la ligne de feu, l'avance se poursuit, la charité n'étend-elle pas davantage ses bras pour atteindre ceux qui restent et ceux qui reviennent?

Parmi tant d'œuvres multiples qui naissent devant chaque besoin, il en est une qui vient de se constituer, sous la présidence de Mme la duchesse d'Uzès, et dont le seul titre crie l'urgente opportunité, *l'Œuvre nationale de secours aux veuves et orphelins de la guerre 1914*. Épouses, enfants privés désormais d'appui, vous dont le mari, le père, est tombé pour nous défendre, ne vous devons-nous pas notre assistance? Sans doute l'État remplira cette dette, il l'a promis, mais il n'aura jamais trop besoin des concours privés pour l'aider dans cette lourde tâche, et, une fois de plus, les libres dévouements, dans la concurrence pour le bien, atténueront les inégalités que fait la misère.

L'œuvre se propose de faciliter aux veuves

la liquidation de leur pension et de leur procurer, dans les jours d'attente, les secours immédiats qui les mettront, avec leurs enfants, à l'abri de la misère et de la faim. Elle étendra également sa sollicitude à l'assistance et au placement des orphelins, et, si, comme elle l'espère, son appel est entendu de la France, elle accordera des allocations supplémentaires dans les cas urgents. S. Em. le cardinal Amette, le général Niox et l'amiral de la Jaille sont ses présidents d'honneur, et son comité est composé des hommes les plus compétents et les plus aptes à la bien diriger. On ne saurait trop recommander cette œuvre nationale, c'est elle qui reconstruira les foyers, au lendemain de la guerre ; chaque département aura à cœur d'instituer un comité local pour la propager (1).

Sans doute à cette heure on demande beaucoup, mais aussi combien l'on donne ! Jamais les étrennes de la charité ne furent plus

---

(1) Le siège social de *l'Œuvre des veuves et des orphelins de la guerre de 1914* est à Paris, 17, rue de Valois. C'est là que doivent être envoyées les adhésions. Les cotisations sont reçues chez M. Lehideux, banquier, 3, rue Drouot.

abondantes, plus discrètes, plus méritoires ! A l'occasion de ce « Noël aux armées » qui, en quelques jours, fit arriver à *Revue hebdomadaire* plus de 530.000 francs de la part des petits enfants de France, je veux transcrire ici ce passage d'une lettre d'une jeune fille que je ne connais pas, qui ne me dit pas son nom, et que je salue avec un profond respect. Je sais seulement qu'elle appartient à l'Union parisienne des Dames de l'enseignement libre catholique.

« Il ne m'est pas facile, m'écrit-elle, de donner maintenant une cotisation. J'espère pouvoir le faire après le 1er janvier, mais je veux m'associer à toutes vos œuvres de guerre par un petit sacrifice. Je vous envoie dans un coffret mes bijoux de jeune fille, espérant qu'ils pourront se changer en quelques pièces blanches pour procurer à nos vaillants défenseurs les petits présents de Noël. J'ignore quelle est exactement la valeur de cet envoi ; j'aurais désiré qu'elle fût grande, j'espère qu'elle le sera au moins par le cœur. Mes deux frères sont à l'armée, mon beau-frère a été tué à l'ennemi, le 26 août, devant Nancy.

Ma famille sert bien la Patrie. J'en suis heureuse et fière... »

C'est avec émotion que j'ai ouvert le petit coffret de citronnier et que j'en ai pieusement retiré la gourmette d'argent, les boucles d'oreilles d'or, le collier de corail, et la broche de famille, la pâle améthyste dont il a fallu se séparer ! Je sentais que je n'avais plus devant moi des bijoux, mais des reliques, et, dans cette inconnue qui faisait avec tant d'effusion ce sacrifice pour le « Noël des soldats », je voyais la France douce, généreuse et compatissante.

XXIV

ROME ET LES ÉGLISES DE BELGIQUE
ET DE FRANCE

Mars 1915.

En ces jours troublés, jamais les yeux ne se sont plus tournés vers l'Église, jamais la force morale représentée à Rome par le chef de la catholicité ne connut plus magnifique hommage. Les peuples qui s'entredéchirent en appellent au représentant de la paix de leur bon droit; c'est à qui veut l'avoir dans son camp, car on perçoit bien que sa bénédiction sera une puissance et que la sympathie des neutres sera acquise au groupement vers lequel pencherait la sienne.

Il est assiégé par les ambassadeurs d'une alliance, il est visité par ceux-là même qu'il ne dirige pas, et, chose curieuse, ceux qu'a peure encore la pensée de lui envoyer un messager sont les plus âpres à lui reprocher de ne pas leur réserver sa faveur.

Et lui, homme de Dieu, vicaire du Christ, planant au-dessus des horreurs de la guerre, il fait une prière pour la Paix, et on la lui reproche.

Il y aurait bien des choses à dire et à connaître sur ce grave sujet. La fumée des champs de bataille met un nuage entre les nations et Rome, et voilà pourquoi nous vibrons surtout à la voix des pasteurs placés à la tête des pays éprouvés, la voix de l'Église de Belgique et la voix de l'Église de France.

*
* *

C'est de Malines que nous est arrivé le premier écho de l'émotion ressentie par un évêque citoyen dont le pays n'est plus qu'une plaie.

On a beaucoup parlé de son admirable lettre pastorale, on n'a peut-être pas assez médité cette charte de la doctrine du patriotisme chrétien.

Le 20 août, le cardinal Mercier partait pour Rome, où l'appelait le conclave.

C'est là qu'il apprit les crimes de Louvain, les incendies, les fusillades, les tortures infligées à des femmes, à des enfants, à des hommes sans défense ; c'est là que le télégraphe lui annonça le bombardement de son église métropolitaine, de son palais épiscopal et de quartiers considérables de sa chère cité malinoise.

Loin de son diocèse, sans nouvelles, sans amis, torturé par la pensée du martyre de sa patrie et de la victoire insolente de la Force sur le Droit, il s'écria : « Seigneur, nous avez-vous donc abandonnés ? » Mais l'Évangile lui répondit : « Il ne faut pas que le serviteur soit mieux traité que son maître », et, méditant sur la loi providentielle de la souffrance, il reprit confiance en revenant à la source de sa Foi ; puis se tournant vers ses frères, il leur dit : « Patriotisme et endurance. »

*
* *

Patriotisme! Pour parler comme il convenait de la Patrie, il n'eut qu'à regarder la sienne à son retour dans sa terre désolée. Il parcourut Malines, Louvain et Anvers, mais son premier cri de compassion fut pour ceux qui « portaient dans leur tissu une balle ou au front une blessure », et l'Éminence, s'inclinant vers les plus humbles défenseurs de sa chère Belgique, leur dit : « J'ai besoin de vous exprimer mon respect. » Puis il ajouta : « Une première fois vous avez sauvé la France à Liège, et une seconde fois en Flandre l'Angleterre... » « Jamais je ne me suis senti aussi fier d'être Belge! » Enfin, il acheva de donner l'expression de sa gratitude patriotique en se tournant vers son Roi, « parvenu au sommet de l'échelle morale ».

Que tout cela est beau, noble et simple!

Après s'être penché sur les brebis, le pasteur regarde avec des larmes le bercail ravagé par les loups. Il fait le triste inventaire, il précise, il énumère. J'insiste sur ce point, parce qu'il paraît qu'à Rome il y a des personnages qui demandent des précisions. Il paraît que ni le rapport officiel de M. Georges Payelle, ni les documents allemands publiés par M. Bédier, ni l'émouvant récit de M. Pierre Nothomb, ni tant d'autres preuves de l'inhumanité allemande qui s'accumulent chaque jour ne sont suffisants! Le défilé même des enfants mutilés n'émouverait pas ces arbitres impassibles! *On réclame l'original authentique des ordres donnés par le haut commandement!* La minute du jugement de Pilate!

Quoi qu'il en soit, la lettre pastorale du Prince de l'Église sera pour beaucoup pleine de suggestions! Rien n'y est omis, ni les ruines des cités, ni la disparition des villages, ni les églises, asiles, hôpitaux, couvents mis hors d'usage. L'auteur donne des chiffres et il dit des noms. Nous savons, pour donner un exemple, que « sur le territoire de la ville et des communes suburbaines Kessel-Loo, Herent et Heverlé réunies, il y a un total de 1823 immeubles incendiés ». Ainsi s'accomplit sur la Belgique le rêve de Guillaume II qui voulait rendre l'Alsace et la Lorraine

« chauves » ! « A Louvain, dit le cardinal Mercier, en considérant tant de richesses intellectuelles et artistiques détruites, c'est le fruit de cinq siècles de labeur anéanti ! »

On rebâtira les édifices, mais on ne rendra pas la vie à tant d'innocents fusillés ou brûlés. Il y en eut 91 à Aerschot, 176 dans l'agglomération de Louvain, et naturellement le nécrologe n'est pas complet. Dans le seul diocèse de Malines 13 prêtres ou religieux ont été mis à mort. Leurs noms sont donnés. Y en a-t-il assez pour émouvoir les grands justiciers ? Les civils torturés physiquement et moralement font un cortège de 3100 personnes. Ce cortège est-il assez long ? Que de douleurs, que d'angoisses ! Les ouailles regardent leur pasteur et lui disent : « A quand la fin ? » Et il leur répond, sans plus : « C'est le secret de Dieu. »

Devant Celui qui fait la lumière et les ténèbres, l'évêque s'incline, et en ces jours d'obscurité où triomphe encore Hérode et où les innocents sont massacrés, il dit magnifiquement de son Maître suprême : « Nous ne voyons pas encore dans tout son éclat la ré-

vélation de sa sagesse, mais notre foi lui fait
crédit. »

Puis, si le Pontife croit devoir éveiller la
pensée de ses fidèles sur leurs torts et sur la
loi fatale de l'expiation, avec quelle douce
fermeté, avec quelle délicatesse le fait-il! Il
verse le baume de l'espoir sur les blessures
des reproches. Empruntant sa poésie au cantique de Moïse, il dit : « Je blesse et je gué-
ris, *Percutiam et ego sanabo* », jusqu'à ce que
son cœur éclate et qu'il s'écrie : « Dieu sau-
vera la Belgique, mes Frères, vous n'en pouvez point douter. »

Il la sauve déjà en lui donnant plus vivement
le sentiment de la patrie, alors que jusqu'ici
tant de citoyens, comme ailleurs, « usaient leurs
forces et gaspillaient leur temps en querelles
stériles ». La Patrie, dit excellemment le cardinal Mercier, « c'est une association d'âmes,
au service d'une organisation sociale, qu'il
faut, à tout prix, fût-ce au prix de son sang,
sauvegarder et défendre, sous la direction de
celui ou de ceux qui président à ses desti-
nées. » Déjà la raison païenne, par l'élite des
penseurs de la Grèce et de la Rome antique,

avait fait, du désintéressement au service de
la cité, un idéal terrestre ; la religion du
Christ « a surélevé cet idéal et l'a précisé en
faisant voir qu'il ne sè réalise que dans l'absolu ».

Ah ! que voilà bien la question du pouvoir
placée à son vrai point, bien au-delà du
Dieu-Moloch des Allemands et du Dieu-État
des socialistes ! L'ancien maître de philosophie de Louvain rappelle à cette occasion les
grands principes dont l'ignorance fait s'égarer tant d'hommes politiques et tant de so-
ciologues. Il n'admet pas que l'État vaille
essentiellement mieux que l'individu et la
famille, et que son pouvoir discrétionnaire
puisse créer le Droit; il proteste contre le militarisme moderne, et il dit bien haut « que
la guerre pour la guerre est un crime ».

Quelle leçon à méditer pour tous, chez
tous les peuples, et dans tous les partis !

« Le Droit, c'est la Paix, c'est-à-dire l'ordre
intérieur de la nation bâti sur la Justice. Or,
la Justice elle-même n'est absolue que parce
qu'elle est l'expression des rapports essentiels
des hommes avec Dieu et entre eux. »

C'est dans la défense de ce Droit que le patriotisme peut revêtir un caractère religieux.

A la lumière de cette doctrine, nous comprenons comment les prêtres peuvent se battre, non seulement comme de loyaux citoyens, mais aussi comme des disciples du Christ qui donnent leur vie pour la protection de leurs autels et de leurs foyers et pour l'amour de leurs frères, — *animam ponant pro amicis.*

Et finalement, avec cette grandeur qui est le cachet du catholicisme et qui a une autre universalité que le piétisme prussien, le cardinal ajoute que ces principes s'appliquent à toutes les armées belligérantes, et « que tous ceux qui obéissent de bonne foi à la discipline de leurs chefs, pour servir une cause qu'ils croient juste, peuvent bénéficier de la vertu morale de leur sacrifice ».

*
* *

C'est cette lettre dont le gouvernement allemand a défendu la lecture dans le pays qu'il occupe momentanément. C'est pour empêcher la divulgation de ces fières paroles que des soldats ont été placés au pied des chaires et devant le portail du palais épiscopal, baïonnette au canon, et que des presbytères ont été perquisitionnés ; enfin c'est pour punir celui qui avait rappelé les imprescriptibles droits de la Justice — *pro justitia agonizare* — qu'on l'a retenu prisonnier dans son palais, ou, si l'on préfère, qu'on l'a mis aux arrêts comme un sous-lieutenant, et dans l'impossibilité de communiquer avec son diocèse et avec le Saint-Siège. C'est ce que le général de Bissing a appelé : « les mesures policières que comportait la situation ».

Mais, dira-t-on, cette lettre ne contenai ·elle pas des réserves ? La réponse que l'on peut faire à cette objection surprendra tous ceux qui n'ont pas lu ce document. Allant aussi loin que lui permettait la doctrine et que lui conseillait le souci de la préservation de ses diocésains, le cardinal Mercier disait : « La partie occupée du pays est dans une situation de fait qu'elle doit loyalement subir... Les particuliers doivent s'abstenir d'actes d'hostilité envers l'armée ennemie... Respectons les règlements aussi longtemps qu'ils ne portent atteinte ni à la liberté de nos consciences chrétiennes, ni à notre foi patriotique. Ne faisons pas consister le courage dans la bravade, ni la bravoure dans l'agitation... » Et s'adressant à ses clercs : « Vous en particulier, mes bien chers confrères dans le sacerdoce, soyez à la fois et les meilleurs gardiens du patriotisme et les soutiens de l'ordre public. »

Mais alors pourquoi cette émotion chez le gouvernement allemand, cette mainmise sacrilège sur un prince de l'Église? C'est parce que dans quelques mots seulement il a proclamé les lois de la morale et du Décalogue, et comme les saint Ambroise, les saint Boniface, et les saint Aignan, s'est levé droit devant l'envahisseur.

Il ne faut pas oublier que si la Belgique est décimée, c'est parce qu'elle est victime d'un parjure. Elle a gardé la foi des traités, l'Allemagne l'a violée. Cela est inoubliable. En Italie, d'éminents personnages avaient dit au cardinal Mercier : « Pourquoi la Belgique s'est-elle exposée à ces malheurs, une protestation ne suffisait-elle pas ! » D'un geste, le grand Belge les arrêta ; n'avait-il pas lu dans l'Écriture : *Qui non accepit in vano animam suam nec juravit in dolo proximo suo.*

La parole vengeresse que ne lui pardonna pas l'Allemagne et qui lui valut la persécution de l'ennemi et la reconnaissance éternelle de son pays, est celle-ci : « Le Pouvoir qui a envahi votre sol et qui momentanément en occupe la majeure partie, n'est pas une autorité légitime. Et dès lors, dans l'intime de votre âme, vous ne lui devez ni estime, ni attachement, ni obéissance.

« L'unique pouvoir légitime en Belgique est celui qui appartient à notre Roi, à son gouvernement, aux représentants de la nation. Lui seul est pour nous l'autorité. Lui seul a droit à l'affection de nos cœurs, à notre soumission. »

Ces mots seront sûrement gravés dans l'avenir sur le piédestal de la statue qui sera élevée au grand cardinal, et nous pouvons dire, dès maintenant, que la page que lui consacrera l'Histoire sera plus enviable que celle réservée à Guillaume II. Il est peu probable que les Berlinois de l'avenir feront figurer le kaiser à cheval, sous l'ombre des Linden, à côté de Frédéric II, et il devra peut-être se contenter d'un buste dans la demeure de ses aînés, à Sigmaringen.

*
* *

A la lecture de ce mandement, la France, qui depuis le 3 août n'avait cessé de vibrer avec la Belgique, s'émut fraternellement, et, le premier, le cardinal archevêque de Paris revendiqua pour les Français éprouvés comme les Belges l'honneur de s'associer à de si hauts sentiments. Comme évêque et comme membre du sacré collège, il protesta contre l'atteinte portée à la liberté du ministère épiscopal et à la dignité du prince de l'Église, contre un attentat « qui s'ajoutait à tant de crimes sacrilèges commis par les armées allemandes ».

Puis ce fut le tour du cardinal de Montpellier. Il exprima son admiration pour cet acte de « virile beauté » qui remit devant ses yeux l'image de saint Augustin assiégé dans Hippone par les Vandales, et il compara la sérénité de sa lumineuse intelligence et de son tranquille courage à la majestueuse résistance de l'archevêque de Malines devant la force. Comme membre du sacré collège, lui aussi, au nom de l'illustre assemblée à laquelle il appartient, il proteste contre l'atteinte portée à la dignité et à la liberté de la charge d'un prince de l'Église.

Après lui le primat de Normandie associa la fierté française à la fierté belge en rappelant la réponse de Bossuet aux exigences de Pontchartrain : « J'y mettrai ma tête!... » « Au milieu des horreurs dont nous sommes témoins, dit-il, soyez bénie, Éminence, d'avoir fait revivre à nos yeux, dans une vraie splendeur de beauté morale, la figure des saints évêques défenseurs de la cité, champions intrépides de l'indépendance de l'Église. Votre exemple fortifiera tous les courages, vos leçons feront germer partout les vertus qui honorent et sauvent les peuples, et le siècle dont les jeunes années sont remplies de guerre, de larmes et de sang, trouvera bientôt la paix dans la victoire de la civilisation et dans le règne de la justice. »

Au nom de la province lyonnaise, le primat des Gaules devait naturellement aussi faire entendre sa voix. Il ne manqua pas à ce glorieux devoir, et il proclama que la lettre de Malines avait remué des millions d'âmes heureuses et fières d'entendre cette protestation du Droit contre la Force, cet enseignement du « droit chrétien de la guerre ». Comme le montre très bien Mgr Sevin, si, contre la sainteté des serments, l'héritage devait aller au plus fort, « ce serait la doctrine de la guerre éternelle ».

Il n'appartient qu'au paganisme d'encenser la Force. Combien plus auguste est la victime vers laquelle s'élève l'encens du christianisme ; c'est l'agneau, c'est la Paix, c'est la douceur qui vaincra le monde. On est fier de voir les chefs de notre épiscopat rappeler avec ceux de Belgique la loi chrétienne à l'Univers. Peu à peu ils ont été suivis par les autres évêques de France, et les provinces d'Albi, de Sens, de Besançon, d'Aix et de Tours ont voulu prendre place dans le cortège qui marche avec le cardinal Mercier au-devant de la barbarie. Les quelques diocèses qui n'ont pas encore parlé ont sans doute considéré que la protestation collective des cardinaux français du 3o janvier interprétait leurs sentiments.

En effet, réunis en corps, nos cardinaux ont voulu témoigner qu'ils ne se laissaient pas intimider par les dénégations allemandes et ils ont solennellement pris part à la douleur causée au cœur de l'évêque par l'injuste invasion de son pacifique pays,... par les sévices et les meurtres dont la population civile et le clergé de la catholique Belgique ont été victimes.

Il ne faut pas craindre de se répéter en signalant dans leur variété comme dans leur unité ces éclatantes protestations des dignitaires de notre Église de France, elles sont autant à l'honneur de ceux qui les formulent que de celui auquel elles sont adressées, et, à cette heure, tout Français qui tient une plume doit s'en servir pour transcrire les grandes choses qui se passent, pour ne laisser inaperçus aucune marque de courage, aucun sacrifice en

face des hypocrisies, des mensonges et des
félonies de notre ennemi.

**

L'Église de Belgique et l'Église de France
avaient parlé, le roi Albert avait transmis au
Pape l'expression de sa douleur et de son
indignation, et l'on attendait la réponse du
Saint-Siège.

Le Pape parla.

Il fit appel au sentiment d'humanité de
ceux qui avaient franchi les frontières des
nations adverses et les conjura « de ne pas
blesser sans une réelle nécessité les habitants
en ce qu'ils ont de plus cher, comme les
temples sacrés, les ministres de Dieu, les
droits de la Religion et de la Foi ».

Il proclama « qu'il n'est jamais permis à
personne, pour quelque motif que ce soit, de
léser la justice », et, sans vouloir s'engager
plus dans le litige des belligérants, il rappela
qu'en tant que vicaire de Jésus-Christ mort
pour tous les hommes, il devait embrasser
dans un même sentiment tous les combat-

tants, mais que sa pensée, comme il était naturel, se tournait du côté où se manifeste avec le plus de vivacité l'attachement respectueux à l'égard du Père commun des fidèles, et cela concernait particulièrement « notre bien-aimé peuple belge ». Il paraît que ce discours mérita au Saint-Père les protestations du gouvernement allemand et que même la manière forte fut employée; la menace de schisme fut insinuée. Nous n'en doutons point, le pays de Luther s'y connaît dans ce genre d'arguments.

La catholique Belgique, dont la souffrance escomptait plus de véhémence, s'émut aussi un peu, il serait puéril de le nier, et ce ne fut pas, l'on pense, le nonce à Bruxelles qui put l'apaiser, mais bien plutôt le sentiment de respectueuse déférence qu'elle a pour le Saint-Siège. Son gouvernement chargea son ambassadeur de témoigner au Saint-Père « qu'il appréciait hautement l'allocution réprouvant la violation du droit et de la justice et exprimant par une mention spéciale la bienveillance de Sa Sainteté pour la Belgique ».

La France, si intimement associée à la Belgique par les douleurs communes de l'envahissement, laissa un peu plus paraître, au moins dans l'opinion, puisqu'elle n'a pas d'autre représentant, la nervosité de son tempérament, surtout à la lecture du passage relatif à ceux qui sont soumis au joug étranger et qui ne devraient pas, « par leur désir ardent de recouvrer leur indépendance, entraver le maintien de l'ordre public et aggraver par suite beaucoup leur position ».

Aujourd'hui l'émotion est calmée ; on sent bien que c'est le seul souci d'empêcher une aggravation de malheur qui dicte les conseils du chef de la catholicité, et non certes son désir de favoriser un groupement à l'exclusion d'un autre. Le Pape est l'évêque de tous, il ne faut pas l'oublier, et c'est pour cela qu'il peut parler moins librement que les évêques d'une nation déterminée. Ce n'est pas un paradoxe de dire qu'à chaque échelon que l'on gravit dans la hiérarchie sociale, on perd une liberté relative, parce qu'on a une plus grande somme de devoirs à concilier.

Ceci du reste n'empêche certes pas les

sympathies particulières, et nous pouvons assurer, sans crainte de nous tromper, que Benoît XV aime la France. Il l'aime parce qu'il la connaît. Pendant de longues années il a beaucoup travaillé pour notre pays sous d'augustes chefs qui attendaient beaucoup de la France. Si, officiellement, elle n'a certes pas répondu à leurs espérances, ce ne fut là que l'effet des tristes jeux de la politique, mais la politique, on le voit bien dans ces jours où la vérité éclate à la lueur tragique des événements, ne met sur les âmes qu'une légère poussière qui s'évanouit au feu des purifications. La race se retrouve, elle est ardente, généreuse, religieuse. Je n'hésite pas à écrire ce dernier mot ; on le verra au lendemain de la guerre, les vivants seront changés et les morts parleront.

Ce n'est donc pas à cette heure que le Pape pourrait considérer la France comme une quantité négligeable, elle restera sans doute un pays de liberté, d'initiatives et de discussions où le catholicisme n'aura jamais l'allure de parade que certains envient à l'Autriche-Hongrie, mais elle n'en demeurera pas

moins, comme le disait Lacordaire, le meilleur asile contre la captivité des âmes, et surtout un merveilleux champ de propagande.
Et pour donner un exemple qui nous fasse
passer du domaine des mots dans celui des
faits, je citerai le nécrologe des missions de
1913, qui accuse 152 Français morts sur les
terres lointaines pour la défense de la Foi et
un Autrichien.

Benoît XV ne l'ignore pas. Il connaît la
vitalité de nos œuvres et la gloire de nos
sanctuaires, et si le souvenir de la Séparation
peut attrister sa mémoire, il est largement
compensé par celui du désintéressement et de
l'obéissance du clergé français, qui, sur un
seul mot de Pie X, a renoncé avec l'assentiment des catholiques, et sans la défection
d'un seul, à tous les biens que les pouvoirs
lui laissaient. Voilà ce qui classe les nations
catholiques beaucoup plus que les chevaux
prêtés par la Cour aux chars d'honneur qui
traînent les légats. Enfin, puisque la prière
ordonnée, ces jours derniers, par le Saint-
Siège, s'adresse au Sacré-Cœur, qu'il se sou-
vienne de la basilique qui domine notre capi-

tale, et en face de laquelle s'élèvera, au lendemain de la victoire, celle que Paris édifiera à Jeanne d'Arc. C'est un fond de décor qu'on est sûr de ne jamais voir au-dessus des casernes de Berlin.

Cette prière du Pape à laquelle nous faisons allusion est très belle.

Elle met à genoux tous les chrétiens du monde afin qu'ils sollicitent du *Roi pacifique* la cessation de l'épouvantable fléau. Elle demande à l'amour divin de bouleverser le cœur des hommes et d'éteindre en eux la haine qui crée le carnage. Un cri de pitié est jeté pour les mères et les orphelins, et une invocation spéciale est adressée au Très-Haut, afin qu'il inspire les gouvernements et les peuples et qu'ils se redonnent le baiser de paix. Enfin celui qui gouverne la barque de l'Église se souvient de celle qui, un soir, voguait périlleusement sur les eaux de Judée, et revenant à cet évangile populaire, lu chaque dimanche, au moins en France, dans les processions champêtres, comme l'apôtre Pierre dont il tient la place, il supplie le Maître de calmer la tempête : « Sauvez-nous, Seigneur, nous périssons ! »

Il paraît que cette prière a ému quelques sous-préfets. On a crié au scandale ; on a prétendu même, en quelques endroits, empêcher les prêtres de la réciter. Vraiment la situation des curés serait devenue bien difficile, car, au début des hostilités, on les accusait d'avoir voulu la guerre, et voici qu'aujourd'hui on leur reprocherait de travailler pour la paix. Heureusement que nous ne sommes pas en Allemagne et que la sagesse des pouvoirs publics a mis bon ordre à ce zèle. Dans toutes les églises de France, la prière a été récitée, et, suivant la belle expression de M. Lavisse, on a pensé pieusement à la Patrie. Nul n'a cru que l'on pût souhaiter une paix lâche et honteuse, mais seulement celle que, par sa mystérieuse grâce, Celui qui règne au plus haut des cieux peut accorder aux hommes de bonne volonté.

XXV

LES ÉCLOPÉS

Mars 1915.

En temps normal, quand on nous parle d'un éclopé, notre pensée entrevoit un être boiteux, s'appuyant sur une béquille, et en ayant même peut-être pris l'habitude après son rétablissement. Nous le voyons dans le jardin d'un hôpital, au parvis d'une église, sous l'abri d'une porte cochère ou aussi, le long de la route départementale, une besace sur le dos, se traînant de ferme en ferme, et poursuivant souvent pendant de longues années une carrière sans doute peu fortunée, mais suffisamment rémunératrice. D'un éclopé nous disons : « C'est un pauvre diable », sans donner trop de confiance à son malheur et, par suite, trop d'ampleur à notre commisération.

L'Académie écrit, je crois, *écloppé*, mais l'usage a enlevé au mot une jambe et l'a fait plus boiteux en disant : *éclopé*.

En résumé, l'homme éclopé est, comme le cheval éclopé, celui qui ne peut aller bien loin et qui est irréparable.

Voilà pourquoi, comme les mots ont une très grande importance, on a peut-être eu tort d'appeler éclopés ceux de nos soldats qui sont de petits malades, de petits blessés, et auxquels un peu de repos et d'heureux soins rendent vite leurs forces. — La sympathie ne serait peut-être pas allée aussi vite et aussi utilement à eux si des œuvres actives et intelligentes n'étaient venues leur donner leur concours.

*
* *

Qu'est-ce donc que le soldat éclopé ? C'est le combattant d'hier qui va être le combattant de demain ; il est blessé, pas assez pour aller à l'ambulance, il est malade, pas assez pour aller à l'hôpital. Alors, il risquerait de traîner son épuisement à la suite de son régiment, de devenir un soldat inutile et peut-être un vrai malade, si des dépôts, sortes d'infirmeries militaires, n'étaient pas organisés près du front et même loin du front, pour l'accueillir, suivant les circonstances.

On a dit, non sans raison, que nous avons surtout préparé cette guerre depuis qu'elle est déclarée. Je crois que ces formations pour les éclopés n'avaient été que vaguement prévues. Elles n'en ont pas moins été très bien organisées, comme tant d'autres choses.

C'est là que le soldat épuisé *se repose*, qu'il dort, qu'il se reconstitue, qu'il arrête la bronchite ou le rhumatisme naissants, qu'il soigne le pied malade, qu'il guérit la blessure légère, qu'il demande même simplement à un peu d'hygiène le retour d'une santé compromise, et au vestiaire un rééquipement bien nécessaire. L'éclopé n'est donc ni un traînard, ni un flemmard, mais un soldat tout à fait digne d'intérêt, auquel il faut donner la force physique et morale. Un écrivain militaire disait dernièrement : « La proportion des blessures légères et des retours sous les drapeaux est plus forte chez nous que chez nos adversaires ; cela tient à leur méthode de combat, à l'infériorité de leurs obus, comme à *celle des conditions hygiéniques où se trouvent souvent leurs soldats.* »

Cette dernière considération ne peut qu'encourager tous les efforts faits pour améliorer et accroître les dépôts d'éclopés.

Quand les trains ramènent les blessés et les malades, c'est aux hôpitaux d'évacuation que se fait le tri ; on renvoie dans les formations sanitaires ou au dépôt de leurs corps ceux pour lesquels les soins d'infirmerie sont insuffisants ou ceux qui sont incapables de retourner de longtemps au feu ; les autres sont retenus aux dépôts d'éclopés, et là un nouveau tri se fait. Une infirmerie est réservée aux plus malades, à ceux qui ont besoin de soins particuliers et d'un régime spécial ; les autres sont groupés dans un même cantonnement, se reposent, se reconstituent, et repartent au bout de quelques jours.

Je parle souvent de *repos.* C'est qu'en réalité c'est le repos qui est surtout réparateur.

Il est des hommes dont le tempérament physique et moral a des fragilités inconnues à
d'autres. Ils tombent, il faut les relever.

Il suffit d'avoir visité quelques dépôts d'é-
clopés, d'être entré dans le hangar où des
combattants viennent d'arriver du front, pour
avoir le sentiment des extrémités de la lassi-
tude. Ils sont là quelques-uns qui viennent
de débarquer et qui n'ont eu la force que de
tomber au hasard sur les lits, avec leur
paquetage, leur képi, leur ceinturon. Le sommeil, presque la léthargie, les a pris dans la
position de leur dernier geste, le bras tendu
ou la main sur les yeux, les jambes repliées,
les doigts crispés sur la baïonnette. Plusieurs,
nous dit-on, ont presque perdu la conscience
des choses, ont même oublié le numéro de
leur régiment. Donnez-leur quelques jours de
détente et de réconfort, ranimez-les par quelques attentions, et ils repartiront souvent avec
encore plus de force et d'énergie qu'au début. Oh ! qu'ils trouvent bonne la grande
salle bien couverte, bien fermée, où les lits
s'alignent, où le poêle ronfle, et où passent
paternellement le commandant du dépôt, le

major, et parfois le visiteur, la visiteuse, disant le mot qui soutient.

Il y a mieux encore que le vaste dortoir établi dans l'usine ou dans la grange, il y a la bibliothèque récemment improvisée, le cercle, si je puis dire, où le soldat trouve des livres, des journaux, des périodiques illustrés, des jeux et du papier pour écrire aux siens ; c'est là qu'on fume, qu'on cause, tandis que les palets tombent dans la grenouille du jeu de tonneau et que, sur un coin de tapis, César, Alexandre et Hector bataillent pacifiquement.

Dans certains dépôts on a voulu donner aussi aux soldats des réconforts moraux : des conférenciers et des artistes ont été appelés auprès d'eux. Le conférencier arrive avec sa lanterne magique et fait passer sur l'écran les grandes scènes de notre histoire, ou les beaux pays de notre France, ou les tableaux de nos colonies, ou encore les reproductions de nos trésors d'art. Il rappelle à cette occasion aux combattants les grandes choses pour lesquelles ils exposent leur vie, et il suffit d'un peu de chaleur dans le discours pour que bientôt, dans cette salle obscure où les projections ont fait la nuit, monte jusqu'à ces cœurs vibrants un parfum de patrie qui les grise. Dans les profondeurs de l'ombre vaguement pénétrée par les rayons des réflecteurs de la lanterne, on entrevoit des visages attentifs, des yeux qui brillent et par moment des pensées qui passent sur les fronts, et c'est toujours lorsqu'on parle des illustres dévouements, des sacrifices suprêmes que leur demandera peut-être la mère-patrie, que le frémissement gagne les assistants et que les applaudissements éclatent. Quel orateur pourrait préférer un autre auditoire à celui-là ? Sa parole tombe dans le terrain le plus vierge et le plus riche.

Après lui vient l'artiste, qui apporte à la fraîcheur de ces esprits les beautés de la poésie et l'exaltation des grands sentiments traduites par les Rostand, les Coppée ou les Déroulède. C'est comme un flot de couleurs qui passe dans la grisaille de ces infirmeries, et aucune nuance n'échappe à ceux qui sont là, l'oreille et le cœur tendus. Quand tout est fini, il semble que, comme des petits enfants bercés par la douceur d'un refrain, ils vont dire : « Encore ! » Si l'on pouvait leur donner aussi un peu de musique, ce serait parfait.

En ces jours de fête, le goûter suit la représentation. Devant les visiteuses installées derrière le comptoir, les hommes passent en file, après s'être rassemblés au carrefour des baraques appelé : « Place du général Joffre. » Heureux les premiers arrivés, ils touchent le paquet de cigarettes entier et la plaquette de chocolat intégrale, car tout s'épuise, et les retardataires n'ont plus que des fractions ; il est vrai que souvent ils ont déjà passé une fois ! Au chocolat et aux cigarettes se joignent d'autres douceurs, la tasse de café, la pipe, ou le cornet de bonbons. C'est de cela que nos combattants sont souvent le plus friands, plus encore que du tricot si nécessaire, car ces petits cadeaux sont pour eux l'expression d'une attention, d'une cordialité dont ils sentent tout le prix. Ils abandonneraient au besoin leur paquetage pour un bouquet de violettes. De cela j'ai des preuves écrites, et j'ai entendu des chefs éminents me dire : « Donnez-nous beaucoup pour nos hommes, mais donnez-nous surtout « des douceurs ».

Mais ces douceurs, c'est l'extraordinaire, ce n'est pas l'État qui peut les procurer, il n'a pour mission (et elle est assez lourde) que d'assurer l'ordinaire.

Voilà pourquoi, dès qu'on sut qu'il y eut des éclopés et des dépôts pour les abriter, l'assistance privée, la charité française qui surgit dès qu'il y a une action où elle peut s'accrocher comme le lierre s'attache à la pierre et la revêt de sa parure, la charité s'éveilla et les premiers dépôts que le dévouement des officiers avait aménagés aux environs de Paris reçurent un précieux concours. Quelle différence entre les cantonnements du début et ceux de maintenant! Tout d'abord des hangars humides avec de la paille, aujourd'hui de vrais dortoirs chauffés, avec des lits. Les paillasses, les matelas, les traversins, les couvertures, sont arrivés. Le linge et les vêtements ont suivi, puis les médicaments, les denrées alimentaires, les savons et les livres. Tout ce qui repose, adoucit, réconforte, guérit, purifie, ranime, a été envoyé aux éclopés. De Paris, on a été plus loin et de plus loin jusqu'à la frontière, jusque près du front ; les fermes ont remplacé les usines, et l'on compte à ce jour plus de quatre-vingts dépôts, dont certains contiennent 1500 hommes et dont la prospérité dépend du zèle des associations locales ou encore de l'assistance que peuvent leur prêter les œuvres organisées à Paris. Plusieurs sont renommés pour leur bonne installation : ils deviennent des infirmeries modèles, qui rendent vite la santé aux épuisés de la guerre et leur redonnent pour le combat les indispensables forces morales et physiques. Grâce aux vaillantes infirmières de la Croix-Rouge et à nos sœurs de Saint-Vincent-de-Paul que l'on retrouve toujours à côté des malades, les soins sont bien donnés, et les régimes attentivement surveillés.

Des vestiaires ont été fondés, des salles de bain aménagées, voire même des installations hydrothérapiques. Le pédicure fait sa tournée, et le dentiste a son cabinet.

Tout cela naturellement provoque des dépenses, de grosses dépenses ; ce sont les œuvres qui les soldent :

L'Œuvre d'assistance aux dépôts d'éclopés, 72, avenue des Champs-Elysées, fondée par le général de Lacroix et Mme Jules Ferry; le Comité de secours aux soldats éclopés ou malades, 9, rue de Téhéran, fondé par M. Frédéric Masson; l'Œuvre de secours aux dépôts d'éclopés, fondée par la paroisse Saint-Honoré-d'Eylau, 67, rue Boissière; l'Œuvre de la Comédie-Française en faveur des dépôts d'éclopés, au Théâtre-Français, place du Palais-Royal.

Que ces associations soient remerciées, assistées, encouragées pour tout le bien qu'elles font. Elles gardent la santé à des milliers de combattants, et elles leur mettent la chaleur au cœur, en leur donnant le sourire de la France reconnaissante. Bientôt, avec la marche de nos armées, les dépôts devront aussi marcher et s'installer plus près du nouveau front, mais jusqu'à la fin de la guerre, quelle que soit l'amelioration de la saison, il faudra continuer l'assistance aux éclopés, c'est-à-dire aux œuvres qui les secourent.

XXVI

LES RESPONSABILITÉS DE LA GUERRE (1)

Je ne viens rien vous dire que vous ne sachiez déjà.

Les responsabilités de la guerre ! Qui donc parmi nous ne dénoncerait sans hésiter les deux pays, les deux empereurs qui en portent devant les contemporains comme devant l'histoire le poids écrasant ! A cette heure se battent en Europe les Français, les Russes, les Anglais, les Belges, les Serbes, les Turcs, les Allemands, les Autrichiens. Nul n'ignore que ce sont ces deux derniers peuples qui ont voulu, préparé et déchaîné la guerre et que les autres, amis de la paix, parfois même trop amis de la paix, ont déployé tous leurs efforts pour en garder à l'Europe l'inestimable bienfait.

Cela, nous le savons tous, mais on ne saurait trop le répéter et montrer par le détail aux pays neutres qui souffrent de la guerre que la Triple-Entente n'a rien négligé jusqu'à la dernière heure, jusqu'à la dernière minute pour empêcher l'affreux conflit.

Ce n'est pas le moment de prononcer certains mots et de risquer de nous amollir par des pensées qui pourraient porter atteinte à une énergie dont le pays tout entier a besoin pour aller jusqu'au bout, « jusqu'à la réparation intégrale des droits violés » ; mais cependant, puisque nous parlons des responsabilités du drame, ne devons-nous pas, dès le début de cet entretien, pour mieux flétrir le crime et la préméditation, ne devons-nous pas rappeler que les peuples sont faits pour la paix, que la guerre est contre nature, que la cause de la civilisation est sacrée et que, si la prudence et la vaillance commandent aux nations de se tenir sur leurs gardes et de s'armer pour se défendre, l'humanité leur ordonne aussi de refréner les cupidités qui les entraînent à des félonies et à des barbaries indignes de notre temps?

*
**

Ceux qui ont suivi de près les événements, durant ces dernières années, et qui en ont retrouvé l'histoire dans les documents diplomatiques récemment publiés et dans des communications hautement autorisées, n'ignorent pas que l'Allemagne préparait la guerre. Elle la préparait à Agadir, avant Agadir, mais surtout depuis Agadir, depuis le jour où notre sursaut national lui montra une France nouvelle, insoupçonnée, prête à lui tenir tête. « C'est une provocation, disaient les provocateurs, nous ne le permettrons pas. » Désormais l'Allemagne se sent atteinte dans son rêve de faire descendre la France au rang de puissance secondaire. Il n'est que temps d'agir pour elle ; elle prépare son attaque, elle échauffe les esprits, et elle attend l'heure.

Sans doute, comme en 1875, en 1887 et en

1911, les puissances pourront intervenir, et notamment la Russie et l'Angleterre, mais l'Allemagne estime que leur action ne s'exercera qu'en protestations, et, s'il en est autrement, c'est elles que l'on rendra responsables de la guerre ! En attendant, l'Allemagne travaillera à épuiser notre patience. C'est la campagne contre notre légion étrangère, c'est l'opposition à l'approbation de l'accord franco-allemand sur le Maroc et le Congo, c'est une suite d'articles de Presse et de discours contre « les ennemis du dehors ».

Notre ambassadeur à Berlin, M. Jules Cambon, à la clairvoyance duquel il convient de rendre hommage, ne s'y méprend pas. Le 6 mai 1913, il y aura bientôt deux ans, il écrivait aux Affaires étrangères : « Ces gens-ci ne craignent pas la guerre, ils en acceptent pleinement la possibilité et ils ont pris leurs mesures en conséquence. *Ils veulent être toujours prêts...* Cela exige des conditions de secret et de discipline et une volonté persévérante : l'enthousiasme ne suffit pas à tout. Cette leçon peut être utile à méditer dans le moment où le gouvernement de la République demande au Parlement les moyens de fortifier le pays. »

A ces graves paroles, nous n'ajouterons aucun commentaire.

Nous dirons seulement que, dès 1914, il y a, chez nous, quelques hauts personnages qui ne se font plus d'illusions, car ils savent que l'Empereur veut la guerre. L'Allemagne de même abdique peu à peu toute prudence propre à voiler ses intentions, et c'est ainsi qu'il a été déclaré, il y a un an, dans une Chambre de l'Empire, que le pays ne se préoccuperait plus d'observer les clauses gênantes de l'article 11 du traité de Francfort.

*
* *

La guerre était donc voulue et préparée, et, comme nous le disions à l'instant, l'Allemagne n'attendait plus que l'occasion, c'est-à-dire une querelle.

Le crime de Serajevo la fournit. L'Allemagne et l'Autriche parleront haut ; si l'Europe cède, la guerre générale sera retardée, et un petit État sera absorbé ; si elle ne cède pas, ce sera l'heure ou jamais pour la Duplice d'entrer en lutte. La Russie n'est pas prête et est troublée par des grèves ; l'Angleterre est immobilisée par des embarras intérieurs ; la France, selon des révélations sensationnelles, a un armement insuffisant ; la Belgique pliera ; « jamais l'instant ne nous fut plus favorable », déclare la *Militarische Rundschau !*

Le plan est très simple : après quelques jours laissés à une quiétude trompeuse, on adressera à la Serbie une note d'une allure si impérative que son honneur lui commandera de faire des réserves. Alors, on opérera militairement, et on verra la suite des événements.

La Serbie pressent ce jeu, et, dès le 20 juillet, elle fait savoir à Berlin qu'elle est prête à accueillir la requête de l'Autriche, motivée par l'attentat de Serajevo, qu'elle travaillera à la répression et à la prévention des attentats politiques, mais qu'elle a confiance qu'aucune atteinte ne sera portée à son prestige et à son indépendance.

C'est précisément ce que veut l'Allemagne. Elle poussera secrètement l'Autriche à la guerre, mais ne cessera de protester de ses intentions pacifiques. Elle est l'alliée de l'Autriche, leurs intérêts sont communs, mais il sera toujours déclaré qu'elle ne sait rien de ses intentions. A toutes les démarches faites auprès de lui par les diplomates pour obtenir une action médiatrice de son gouvernement, M. de Jagow répond invariablement : « J'ignore... je ne sais rien... » « Connaissez-vous, lui dit le 21 juillet le chargé d'affaires de Russie, la note préparée par l'Autriche, et pouvez-vous nous donner l'assurance que les difficultés austro-serbes seront localisées? » Non ! M. de Jagow ne sait rien. Mais pendant ce temps, son gouvernement donne les avis préliminaires de la mobilisation. Et toute l'Europe travaille pour la paix !

L'Italie agit à Vienne pour qu'il ne soit demandé à Belgrade que des choses réalisables ; la France signale au comte Berchtold les répercussions que risquerait de provoquer une pression brutale sur la Serbie ; la Russie ne fait aucune objection contre les mesures de répression en Serbie, mais demande seulement que rien d'humiliant ne soit exigé pour le sentiment national serbe ; l'Angleterre conjure l'Autriche-Hongrie de ne rien réclamer du cabinet de Belgrade qui puisse soulever contre elle l'opinion européenne.

C'est que toutes les puissances sentent bien que les deux complices préparent la guerre, et, « avant que la flèche ne soit lancée », suivant l'expression du baron de Schoen, elles solidarisent leurs efforts pour éviter la calamité.

Avant même la déclaration des hostilités, les deux camps sont marqués, et la civilisation se dresse contre l'approche de la barbarie.

Quelle sera la démarche du gouvernement austro-hongrois auprès du gouvernement serbe ? Interrogé, l'ambassadeur d'Allemagne à Londres répond qu'il n'en sait rien, mais il affecte l'inquiétude. Son gouvernement, paraît-il, s'emploie à retenir, à modérer celui de Vienne, mais il n'y réussit pas ! Nous nous en doutons bien, et le monde diplomatique pressent que l'Autriche, conduite, poussée par l'Allemagne, mettra la Serbie en présence d'une demande que sa dignité ne lui permettra pas d'accueillir.

Nous sommes au 24 juillet ; dans la nuit, M. Viviani télégraphie encore de Reval pour que soient données à notre ambassadeur à Vienne, M. Dumaine, de suprêmes instructions qui, en union avec celles transmises par la Russie et l'Angleterre, puissent écarter les dangers menaçant la paix générale.

C'est la fin du premier acte du drame ; la veille, le 23, à six heures du soir, la note autrichienne avait été remise à Belgrade.

Vous le savez, messieurs, elle était inexorable pour le gouvernement serbe « qui n'avait pas su apprécier à sa juste valeur l'amitié de l'Autriche-Hongrie » ! Comme dans la fable, c'est Belgrade qui a troublé la paix européenne. Il faut que l'Autriche se venge, sans autre forme de procès.

Au caractère impératif de l'ultimatum est ajoutée la rigueur du délai. Il ne faut pas, surtout, que les puissances aient le temps d'intervenir. Pour la France, le Président de la République et le président du Conseil se trouvent en mer et hors d'état d'exercer leur action apaisante. Heureuse coïncidence ! On agira avec rapidité. Dans les quarante-huit

heures la Serbie devra donner sa réponse, et
l'on n'a qu'une peur, à Berlin comme à
Vienne, c'est qu'elle ne cède.

Aussi, fait-on tout ce qu'on peut pour en-
venimer la question. A Berlin, le ton de la
presse est menaçant et a pour but d'intimider
la Russie. A Vienne, on dénonce l'attitude
provocatrice de la Serbie, avant même qu'elle
n'ait répondu, et le gouvernement fait dire,
par ses représentants en Europe, qu'il ne re-
tranchera rien de ses exigences.

Les deux empires se montrent surtout hos-
tiles à l'intervention des puissances. Elles ont
cependant bien le droit de s'émouvoir, de ré-
prouver la violence faite par une grande puissance à un petit État, et la brièveté du délai
assigné à la réponse. « Jamais déclaration
aussi formidable n'a été adressée par un gouvernement à un autre », s'écrie sir Edward
Grey.

M. de Jagow continue son jeu habituel; il
déclare hautement approuver la note autrichienne, mais n'en avoir pas eu connaissance
avant son envoi à Belgrade; si vraiment il
en fut ainsi, c'est qu'il ne reçut pas les confi-

dences de son impérial maître, qui connut et aggrava la note, c'est aussi qu'il fut beaucoup moins bien traité que M. de Tchirsky qui la rédigea et que le président du Conseil bavarois qui déclara en avoir eu connaissance le 23 juillet. Sa prétendue ignorance du fond de la question n'est donc pas vraisemblable. Quoi qu'il en soit, le cabinet de Berlin réclame de la France une pression sur la Russie, mais, quand on lui demande la même action sur son alliée, l'Autriche, il se dérobe. Il entend ménager son alliée, mais il serait tout disposé à nous désunir d'avec la Russie.

Cependant, cette attitude ne découragera pas Londres et Paris dans leurs efforts pacificateurs? On sait bien, malgré les dénégations formelles de M. de Jagow et du baron de Schoen, que l'ultimatum à Belgrade a été envoyé de plein accord entre l'Allemagne et l'Autriche, mais on agira comme si l'on croyait à la parole de l'Allemagne, et on verra bien du reste comment elle la tient.

Si donc, comme toute l'Europe, elle souhaite vraiment la conjuration de la crise, qu'elle se prête à la demande du cabinet anglais, qu'elle s'emploie à Vienne pour offrir une médiation entre l'Autriche et la Serbie des quatre puissances non directement intéressées, l'Allemagne, la France, l'Angleterre et l'Italie. Cette médiation s'exercerait à la fois à Vienne et à Pétersbourg, en même temps que les conseils les plus pressants seraient donnés au gouvernement serbe pour qu'il accorde satisfaction sur tous les points où il croirait pouvoir le faire.

Que répond l'Allemagne?

Rien de précis, mais on sent bien qu'elle ne se prêtera à aucune démarche à Vienne. Comment le pourrait-elle, puisqu'elle est l'instigatrice du conflit? Elle n'agit pas, mais elle proteste. Elle ne veut pas qu'on dise qu'il y ait « menace allemande » ni qu'elle soit « de concert avec son alliée », et, pour trouver une excuse, elle se renferme toujours dans la formule « qu'elle ne veut pas s'immiscer dans un conflit local ».

Et pendant ce temps, que fait la Russie, la Russie que bientôt l'Allemagne voudra rendre responsable de la guerre? Elle travaille comme l'Angleterre et la France à obtenir de l'Autriche une prolongation du délai assigné par l'ultimatum. M. Sazonow ne s'y trompe pas ; il confie à l'ambassadeur d'Angleterre que si l'Allemagne n'arrête pas l'Autriche, la situation est désespérée ; il n'en déploie pas moins tous ses efforts pour la paix et il dit à notre ambassadeur : « Il faut éviter tout ce qui pourrait précipiter la crise. J'estime que, même si le gouvernement austro-hongrois passait à l'action contre la Serbie, nous ne devrions pas rompre les négociations. »

Vraiment, de quel côté sont les responsabilités de la guerre ?

Les puissances ne cessent d'agir à Berlin et à Vienne, durant cette émouvante journée du 25 juillet. Mais l'Allemagne reste toujours évasive, et pendant qu'elle proteste de ses intentions, le temps passe, le délai approche, l'ampoule du sablier se vide. « Impossible de causer avec le comte Berchtold, il est à Ischl. C'est une question de politique intérieure pour notre alliée, nous ne pouvons intervenir... », jusqu'au moment où M. de Jagow pourra lâcher le mot fatal : « Il est trop tard ! »

En Autriche, c'est une autre attitude très

bien définie par M. Jules Cambon : « N'étant pas fort, on est brutal. » Comme le chargé d'affaires de Russie à Vienne représentait au secrétaire général des Affaires étrangères que « donner à juger des griefs avec pièces justificatives sans laisser le temps d'étudier le dossier, était contraire à la courtoisie internationale », le baron Macchio réplique que « parfois l'intérêt dispense d'être courtois ».

Nous touchons à la fin du second acte du drame.

La dernière heure des quarante-huit heures va sonner ; on va connaître la réponse de la Serbie. Tous les efforts ont été faits par les puissances pacifiques pour gagner du temps et exercer une médiation. L'Autriche et l'Allemagne les ont brisés, l'une et l'autre comptant bien ne pas laisser échapper leur proie qui est, pour l'une : la Serbie, et pour l'autre : la guerre.

Et voici que la réponse du gouvernement serbe déjoue ces criminels calculs. La Serbie, la vaillante Serbie, que nous voyons si héroïquement résistante depuis six mois, la Serbie cède pour éviter les calamités de la guerre; oui, elle cède sur tous les points, sauf deux petites réserves. Elle est persuadée, dit-elle, que « sa réponse éloignera tout malentendu de nature à compromettre ses rapports de bon voisinage avec la monarchie austro-hongroise, et si, cependant, l'Autriche n'était pas satisfaite de sa réponse, elle est prête, comme toujours, à accepter une entente pacifique en remettant cette question, soit à la décision du tribunal international de la Haye, soit aux grandes puissances qui ont pris part à l'élaboration de la déclaration faite par le gouvernement serbe, le 18/31 mars 1909 ».

C'est la paix !

Non.

Le ministre d'Autriche quitte précipitamment Belgrade, déclarant insuffisante la soumission du gouvernement serbe. Il paraît qu'il fait seulement semblant de céder ! A Vienne et à Budapest, on est fou de joie ! A Berlin, l'agence Wolff, naturellement, ne publie pas le texte de la réponse qui pourrait avoir un effet calmant. Où sont les responsabilités de la guerre ?

*
* *

Alors, nous entrons dans une troisième phase où les nations civilisées continuent inlassablement à travailler pour la grande cause humanitaire en face des deux autres avides de proie. Celles-ci ne voient pas au delà de leurs convoitises, et c'est le cas de se souvenir de la parole de saint Augustin : « Dieu sèmera les cécités vengeresses sur les passions illégitimes. » Elles se disent avec conviction : « La Russie ne tiendra pas le coup ; l'Angleterre restera neutre ; la France ne bougera pas. »

L'Angleterre ne restera pas neutre à l'heure décisive, mais auparavant, il faut reconnaître qu'elle a défendu la cause de la paix avec une indomptable persévérance. C'est du reste de son côté que se tendent tous les regards et que s'adressent tous les appels. Sir Ed. Grey emploie toute son influence à faire intervenir utilement les Puissances, et c'est précisément cette attitude médiatrice de l'Angleterre qui trompe la diplomatie obtuse des

Allemands ; ils y voient la paix quand même, au lieu d'y voir la paix possible, et leur audace qui s'accroît de leur aveuglement connaîtra bientôt l'effarante déception. Peut-être que si, dès le début, avant la violation de la Belgique, l'Angleterre avait menacé de mettre son épée dans la balance, l'Allemagne aurait retiré la sienne. Mais, était-ce possible, l'opinion britannique aurait-elle suivi son gouvernement dans la question serbe, et, du reste, pourquoi chercher à refaire les événements, quand nous n'avons ici qu'à les retracer ?

Nous sommes au 26 juillet. Aujourd'hui comme hier, plus encore qu'hier, l'Allemagne se refuse à tout accommodement. La guerre approche, elle en rejette la responsabilité sur la Russie, elle nous enjoint de la modérer, de l'arrêter, et, quand nous lui disons : « C'est entendu, mais de votre côté, intervenez auprès de votre alliée l'Autriche », elle nous répond : « C'est impossible! » Et elle se prépare à l'action, on ne l'ignore pas.

Cependant les Puissances ne se découragent pas.

En Italie, M. Salandra, fidèle interprète de l'opinion publique, déclare : « Nous ferons les plus grands efforts pour empêcher la paix d'être rompue. » En Russie, M. Sazonow affirme que son gouvernement se servira de tous les moyens diplomatiques pour éviter le conflit.

Enfin, à Paris comme à Pétersbourg, on conseille vivement au gouvernement serbe de solliciter la médiation du gouvernement britannique.

Tout cela ne fait pas le jeu de l'Allemagne. Négocier, pour elle, c'est perdre du temps. Elle ne laissera pas l'Autriche s'attarder dans des conversations et la poussera à franchir la frontière serbe. Alors la Russie sera obligée de mobiliser. L'Allemagne en prendra prétexte pour mobiliser à son tour, et la France fera de même, et la guerre s'ensuivra. Voilà tout le plan. Il faut reconnaître qu'il a réussi. Tous les efforts des Puissances pacificatrices se sont brisés devant le mur d'airain de la Germanie. La civilisation a été vaincue avant la guerre, tous les outrages que lui fait encore à cette heure un peuple barbare qui en arrive à se battre sur terre au vitriol et à rétablir la piraterie sur les mers sont autant de nouvelles blessures qu'elle reçoit, mais ces plaies glorieuses accroissent chaque jour pour elle les sympathies des neutres, et, grâce au sang versé par nos enfants, cette civilisation, fille d'Athènes et de Rome et contre laquelle n'a pas voulu marcher notre sœur l'Italie, se dressera bientôt victorieuse et restauratrice des ruines accumulées.

Mais ne perdons pas le fil de cette dramatique action ; suivons l'Angleterre dans la poursuite de son noble but.

C'est le 27 juillet. La Serbie est disposée à en appeler aux Puissances, et la Russie est prête à se tenir à l'écart du conflit ; alors l'Angleterre se tourne vers la France, l'Allemagne et l'Italie, et leur demande encore une fois de chercher avec elle un moyen de résoudre les difficultés pendantes.

L'Italie et la France acceptent. Que va faire l'Allemagne ?

Elle déplace la question : « C'est de la Russie, dit-elle, que dépend la paix, c'est aux Alliés à agir sur elle. » On lui objecte que la Russie est conciliante ; alors l'Allemagne se met sur un autre terrain : elle ne peut consentir à ce qui ressemblerait à une conférence des Puissances, ce serait instituer une espèce de cour d'arbitrage que Vienne ne pourrait accepter. Cette réponse, faite par M. de Jagow à M. Jules Cambon, ne saurait convaincre notre ambassadeur, et rien n'est plus émouvant que le rapport de leur conversation du 27 juillet.

M. Jules Cambon n'omet aucune insistance. L'Allemagne ne veut pas de conférence, soit, ce n'est là qu'une question de forme, on la résoudra. Ce qui importe, c'est l'association des quatre puissances pour une œuvre de paix qui peut se manifester par des demandes communes à Pétersbourg et à Vienne. « Le secrétaire d'État qui a si souvent exprimé son regret de voir les deux groupes d'alliances opposés toujours l'un à l'autre en Europe, ne veut-il pas aujourd'hui entrer dans un commun accord pour empêcher un terrible conflit ? » Pourquoi l'Allemagne, qui demande l'intervention à Pétersbourg, refuse-t-elle l'intervention à Vienne ?

M. de Jagow se dérobe en disant que son gouvernement a des engagements avec l'Autriche. — Et nous, n'en avons-nous pas avec la Russie ? — M. de Jagow cherche une échappatoire : « Nous ne pouvons intervenir dans le conflit austro-serbe. — Mais, réplique notre ambassadeur, n'avez-vous pas vu comment la Serbie se soumet aux réclamations autrichiennes ? — Non, répond M. de Jagow, je n'ai pas encore eu le temps de prendre connaissance de la réponse de la Serbie ! » C'en est trop ! Notre représentant n'a plus qu'une seule chose à dire, et il la dit : « L'Allemagne veut-elle donc la guerre ?... » Protestations du secrétaire d'État... « Eh bien, dit notre ambassadeur, lisez la réponse serbe, pesez-en les termes avec votre conscience, je vous en prie, au nom de l'humanité, et n'assumez pas personnellement une part de responsabilité dans les catastrophes que vous laissez se préparer. »

Où sont les responsabilités de la guerre ?

Vains efforts ! La proposition anglaise, qui voudrait amener les quatre puissances les moins intéressées à arrêter les opérations militaires à Vienne, Belgrade et Pétersbourg, est destinée à échouer, parce que Berlin ne veut pas qu'elle aboutisse.

Du moins l'Allemagne sera mise au pied du mur. Puisqu'elle refuse la conférence, et qu'elle proteste cependant contre toute intention belliqueuse de sa part, comment veut-elle que s'exerce l'action diplomatique pour éviter la guerre? Paris, Londres et Rome sont d'accord; la Russie manifeste ouvertement sa modération; que veut l'Allemagne? Ne pas répondre. Pourquoi? Parce qu'elle attend l'irréparable, c'est-à-dire la déclaration de guerre de l'Autriche à la Serbie.

Le 28, à midi, cette déclaration était faite. C'est le triomphe de M. de Tchirsky, l'ambassadeur d'Allemagne à Vienne, l'homme aux résolutions violentes qui affectait d'agir personnellement, presque en désaccord avec la chancellerie impériale, mais qui n'en a pas moins été le fidèle et ardent agent de son gouvernement. Cependant, les Puissances alliées ne perdent pas courage, et il semblerait que, devant cette persévérance, il y ait eu comme un instant un fléchissement dans les mauvais desseins de l'Allemagne. Le secrétaire d'État paraît vouloir favoriser la conversation directe entre Vienne et Pétersbourg et même l'action commune des quatre puissances par l'intermédiaire de leurs ambassadeurs. Sans doute, il essaye encore de rejeter sur la Russie la responsabilité de la guerre possible, sans doute il continue de se lamenter sur les difficultés de son action à Vienne, mais devant l'insistance de l'Angleterre, on semble réfléchir à Berlin. La crainte serait-elle le commencement de la sagesse? Non, c'est un autre sentiment qui met un peu d'arrêt dans la crise. L'Allemagne interprète comme une impuissance la modération de la Russie. On croit qu'elle n'est ni en état, ni en humeur de faire la guerre, et si la Russie ne mobilisait pas, tout le plan allemand s'écroulerait.

On intimidera donc la Russie, et l'ambassadeur d'Allemagne déclarera à M. Sazonow que, si la Russie n'arrête pas ses préparatifs militaires, l'armée allemande recevra l'ordre de mobiliser. La Russie répond que ces précautions militaires ne sont à aucun degré dirigées contre l'Allemagne et ne préjugent

pas non plus de mesures agressives contre
l'Autriche-Hongrie ; le 29 juillet encore, le
gouvernement russe acquiesçait à toutes les
procédures que la France et l'Angleterre lui
proposaient pour sauvegarder la paix ; après
la déclaration de guerre de l'Autriche à la
Serbie, après les refus du comte Berchtold de
continuer les pourparlers entre Vienne et
Pétersbourg, il ne mobilisait que dans quatre
arrondissements du Sud, et, en fait, ce n'est
que le 31 juillet, devant la mobilisation de
l'Autriche et la déclaration de l' « état de
danger de guerre » décrété en Allemagne, que
l'ordre de mobilisation générale de l'armée
russe a été donné. « Je négocierai jusqu'au
bout », disait M. Sazonow à notre ambassadeur M. Paléologue. Et mieux encore, entendons sa déclaration du 30 juillet à l'ambassadeur d'Allemagne, le comte de Pourtalès :
« L'heure est trop grave pour que je ne vous
dégage pas toute ma pensée. En intervenant
à Pétersbourg, tandis qu'elle refuse d'intervenir à Vienne, l'Allemagne ne cherche qu'à
gagner du temps, afin de permettre à l'Autriche d'écraser le petit royaume serbe, avant

que la Russie n'ait pu le secourir. Mais l'empereur Nicolas a un tel désir de conjurer la guerre, que je vais vous faire, en son nom, une nouvelle proposition : si l'Autriche, reconnaissant que son conflit avec la Serbie a assumé le caractère d'une question d'intérêt européen, se déclare prête à éliminer de son ultimatum les clauses qui portent atteinte à la souveraineté de la Serbie, la Russie s'engage à cesser toutes mesures militaires. »

M. de Jagow fait répondre qu'il trouve cette formule inacceptable pour l'Autriche, et, en refusant de la lui soumettre, montre bien le souci de l'Allemagne de couper tous les ponts qui pourraient encore rattacher l'Europe aux rivages de la paix !

L'Angleterre et la France essayent encore d'y demeurer. L'Angleterre, nous l'avons vu, depuis le début du conflit, a fait tous les efforts, toutes les démarches possibles pour garder à l'Europe les bienfaits de la paix ; elle était par sa situation, mieux que toute autre Puissance, en état de remplir cette mission, et les vraies puissances civilisées l'ont écoutée et suivie. Mais l'Allemagne et sa vassale l'Autriche, l'ancienne ennemie, fière aujourd'hui de l'amitié de son vainqueur, arrêtèrent les médiations pendant qu'elles préparaient leurs armées.

Alors l'Angleterre, ayant accompli son devoir, tout son devoir, se tourne vers la France, et le dernier, le suprême effort est tenté. L'ambassadeur d'Angleterre remet à M. René Viviani une note de son gouvernement demandant au gouvernement français d'appuyer à Saint-Pétersbourg une proposition tendant à la solution pacifique du conflit austro-serbe.

C'est l'alliance franco-russe qui aura l'honneur de faire la dernière tentative.

Le gouvernement français se rallie à la suggestion anglaise et prie son ambassadeur à Pétersbourg de s'efforcer d'obtenir sans retard l'assentiment du gouvernement russe. Je passe sur les détails. Il s'agit de demander à la Russie de modifier sa dernière déclaration; elle le fait, alors même qu'elle sait que les Autrichiens bombardent Belgrade, et M. Viviani peut écrire à nos représentants en Europe : « Les efforts de l'Angleterre, de la

Russie et de la France se rejoignent. » Mais, si cette dépêche reflète la satisfaction du devoir accompli, elle exprime aussi dans sa fin le doute cruel de l'inutilité de l'effort, en face de la volonté implacable de l'adversaire. « L'Allemagne, dit-il, poursuit l'humiliation de la Russie, la désagrégation de la Triple-Entente et, si ces résultats ne peuvent être obtenus, la guerre. »

Désormais les événements se précipitent.

L'Autriche décrète la mobilisation générale, la Russie ne peut se laisser devancer et fait de même. C'est ce qu'attendait l'Allemagne ; elle décrète le *Kriegsgefahr*, c'est-à-dire l'état de danger de guerre qui est une sorte de mobilisation dissimulée. Nous sommes au 31 juillet, la France n'a pas voulu encore mobiliser. C'est qu'il reste une lueur d'espoir, dernière lumière de paix qui brille encore le 1ᵉʳ août.

En effet, l'Autriche semble enfin réfléchir et fléchir. Oui, elle paraît disposée à un arrangement tant de fois proposé et à entrer avec le gouvernement russe en négociations sur la base de la proposition anglaise.

Mais il est trop tard, et puis l'Allemagne veille toujours.

Elle s'y connaît en ultimatums! Après avoir inspiré celui de l'Autriche à la Serbie d'un délai de quarante-huit heures, elle en pose un autre donnant douze heures au gouvernement russe pour accepter de démobiliser non seulement du côté allemand, mais du côté autrichien. Cette communication est faite à minuit par l'ambassadeur d'Allemagne à M. Sazonow. « Est-ce la guerre? demande celui-ci. — Non, mais nous sommes près d'elle. » C'est bien l'aboutissement du plan que je vous signalais au début de cet entretien. L'Allemagne a tout fait pour empêcher le libre cours des négociations, et lorsque, malgré elle, l'Autriche et la Russie sont sur le chemin de l'accord, elle se met en travers. Il n'était que temps, la guerre allait lui échapper.

Entendons la déclaration faite par Sir de Bunsen, ambassadeur de Grande-Bretagne à Vienne : « Selon toute probabilité, un retard de quelques jours aurait pu épargner à l'Europe une des plus grandes catastrophes que l'histoire connaisse ! »

Une dernière fois, dans la nuit du 31 juillet, l'ambassadeur d'Angleterre à Berlin, ainsi que l'avait fait le 27 juillet M. Jules Cambon, adresse un pressant appel aux sentiments d'humanité de M. de Jagow. Parler d'humanité à un Allemand, à la Wilhelmstrasse, dans la maison bismarckienne où, il y a un demi-siècle, la kultur faisait déjà falsifier les textes pour rendre inévitable la guerre, n'est-ce pas une naïveté, une inexpérience? non, c'est le dernier effort conscient d'un défenseur de la civilisation qui sacrifie noblement son amour-propre. Ce que répondit le secrétaire d'État, en se dérobant toujours, nous le devinons : il était trop tard. Ah ! que ceux qui ont déjà fait des étapes dans la vie connaissent ce mot si facilement employé par les complices d'un vilain acte que rien ne doit empêcher ! Il est un autre mot également prononcé dans les mêmes circonstances, et il était réservé à M. de Schoen de le dire à Paris à M. Viviani : « Vraiment, *j'ignorais* les développements survenus dans cette question depuis vingt-quatre heures. » Et il n'en dit pas plus, alléguant l'impossibilité de déchiffrer les télégrammes !

C'est fini.

Abritée derrière le *Kriegsgefahr*, l'Allemagne mobilise, et la France, à titre de préservation, est obligée de décréter sa mobilisation.

Le 1ᵉʳ août au soir, l'Allemagne a déclaré la guerre à la Russie, malgré les négociations en cours. Vous n'ignorez pas que non seulement les cabinets négociaient, mais aussi les deux Empereurs. Dès le 28 juillet, l'empereur Guillaume avait commencé la conversation télégraphique. Il est inquiet de l'impression produite en Russie par la marche en avant de l'Autriche-Hongrie contre la Serbie, et il le témoigne à l'empereur Nicolas.

Celui-ci répond très carrément : « Une guerre honteuse a été déclarée à une faible nation ; je partage entièrement l'indignation qui est immense en Russie. » Et il demande à l'empereur Guillaume de faire tout ce qui lui sera possible pour empêcher son alliée d'aller trop loin ; mais l'empereur Guillaume fait comme M. de Jagow, il conseille à son ami et cousin de s'entendre directement avec Vienne et de laisser la Russie « spectatrice » de la guerre austro-serbe. Suit la menace : « Si tu mobilises contre l'Autriche-Hongrie... ma mission de médiateur sera compromise, sinon rendue impossible... tes épaules auront à supporter la responsabilité de la guerre ou de la paix. »

L'empereur Nicolas répond, le 31, que ses préparatifs militaires ont été nécessités par la mobilisation de l'Autriche ; mais qu'il donne sa parole d'honneur que ses troupes ne se livreront à aucun acte de provocation, aussi longtemps que dureront les pourparlers avec l'Autriche au sujet de la Serbie. Si l'empereur Guillaume est obligé de mobiliser, qu'il l'assure aussi que ces mesures ne signifient **pas** la guerre et puisse la continuation des négociations réussir « à empêcher l'effusion de sang » !

C'est à cette communication que l'empereur Guillaume répondit par l'ultimatum, et douze heures après par la déclaration de guerre à la Russie. Encore une fois, c'était le plan.

Le 2 août, l'Allemagne viole la neutralité du Luxembourg ; elle viole, avant déclaration de guerre, et sans provocation de notre part, le territoire français à Cirey et près de Longwy.

Le premier soldat français tombe à Baron, un officier allemand lui brûle la cervelle. Le baron de Schoen est toujours à Paris, à l'hôtel de son ambassade.

Le 3 août, l'Allemagne viole la neutralité de la Belgique, malgré les assurances formelles données le 29 avril précédent à la Commission du Budget du Reichstag par M. de Jagow. Elle déclare à la Haye qu'elle n'a agi ainsi que pour éviter à la Belgique une occupation de la France !

Ainsi donc la frontière est violée en Luxembourg, en Belgique et en France, et l'Allemagne n'a pas encore déclaré la guerre, et son ambassadeur est toujours à Paris, tant elle voudrait pouvoir dire que c'est la France qui a ouvert les hostilités ; mais la France ne bouge pas, et ses armées sont demeurées à dix kilomètres de la frontière. Il faut pourtant se décider, et, le 3 août, à 6 h. 45 du soir, le baron de Schoen fait connnaître à M. Viviani que, « en présence de nos agressions, l'Empire allemand se considère en état de guerre avec la France, du fait de cette dernière puissance ».

C'est le dernier mensonge de l'Allemagne.

Mais il lui restait à commettre un outrage ; elle n'y manqua pas.

Tandis que, conformément aux usages et traditions diplomatiques, le gouvernement français assurait le retour en Allemagne de son ambassadeur accompagné de son personnel, le nôtre était conduit à la frontière danoise et traité presque en prisonnier.

Le drame est terminé, messieurs, ou plutôt il commence. « La France, peut dire M. Poincaré au Parlement, est l'objet d'une agression brutale et préméditée qui est un insolent défi au droit des gens. »

Qu'il nous soit du moins permis, en regardant l'Angleterre et la Belgique, de reposer notre esprit de tant de vilenies, de parjures et de brutalités.

Lisons d'abord cette éloquente dépêche de l'ambassadeur de Russie en Angleterre à

M. Sazonow : « Le gouvernement de la Grande-Bretagne a posé aux gouvernements français et allemand la question s'ils respecteraient la neutralité de la Belgique. La France a répondu dans l'affirmative, tandis que le gouvernement allemand a déclaré ne pouvoir répondre à cette question catégoriquement. »

Considérons ensuite ceci :

Pour obtenir la neutralité de l'Angleterre, l'Allemagne promet, après nous avoir écrasés, de nous laisser notre territoire, mais de saisir toutes nos colonies.

L'Angleterre répond : « Ce serait une honte pour nous que de passer ce marché avec l'Allemagne aux dépens de la France, une honte de laquelle la bonne renommé de ce pays ne se remettrait jamais. »

Pour obtenir la neutralité « amicale » de la Belgique, l'Allemagne promet de lui garantir son royaume et ses possessions, de lui acheter contre argent comptant tout ce qui est nécessaire à ses troupes et de l'indemniser pour les dommages causés, sinon la Belgique sera considérée en ennemie.

La Belgique répond :

« Si le gouvernement belge acceptait les propositions qui lui sont notifiées, il sacrifierait l'honneur de la nation, en même temps qu'il trahirait ses devoirs vis-à-vis de l'Europe. »

Comparez ces déclarations, messieurs, à celle du chancelier de l'Empire faite à la tribune du Reichstag pour expliquer l'odieuse violation des engagements :

« L'injustice que nous commettons, nous la réparerons dès que le but militaire sera atteint. »

Jamais dans une plus éclatante lumière n'ont été mis en opposition le Droit et la Force.

La Force représentée par deux empereurs oppresseurs alliés au Turc barbare, le Droit inaltérablement défendu par la France dont c'est l'éternelle mission, par la Russie qui rend l'autonomie et la liberté aux Polonais, par l'Angleterre toujours soucieuse de son honneur à travers le monde, par la Serbie, par le Montenegro dont l'héroïsme rallume chez tous les peuples la cause sacrée des nationalités, par la noble Belgique, la Belgique martyre qui n'a pas voulu plier, et qui, s'inspirant d'un auguste exemple, demeure toujours souveraine sur un pouce de territoire !

*
* *

En terminant cet examen des responsabilités de la guerre, ne convient-il pas de nous interroger bien franchement nous-mêmes et de nous demander si, indirectement, nous n'avons pas été un peu la cause du conflit présent, autrement dit, si l'ennemi ne nous a pas attaqués parce que nous n'avons pas eu assez souci de son attaque?

Pour être loyal dans la réponse, il faut que chacun pèse ses torts et n'en reporte pas tout le poids sur autrui. Il n'y a pas seulement de responsables ceux qui ne voulaient laisser au pays qu'une milice ou une armée insuffisante pour le défendre, il y a aussi ceux qui goûtaient la douce habitude de la paix et, avec la générosité et aussi l'insouciance du caractère français, ne veillaient pas assez sur l'adversaire qui les épiait.

La France n'a-t-elle pas ouvert trop bénévolement à son ennemi ses villes, ses campagnes, ses maisons, ses ateliers, ses marchés, bien mieux... sa nationalité ?... Un dangereux envahissement n'est-il pas venu combler chez nous les vides qu'avaient faits les doctrines de Malthus ?

Si j'ose mettre à nu ces vérités, c'est que depuis six mois un manteau de gloire les a magnifiquement couvertes. Le pays est guéri de ses crédulités... et de son Incrédulité. Le sang versé, prodigué par ses enfants, en même temps qu'il appelle à l'intérieur l'apaisement des luttes, réclame au dehors la plénitude des réparations, et il faut que, lorsqu'on parlera des responsabilités de la paix, la France agrandie puisse les revendiquer dans toute sa fierté, comme aujourd'hui elle abandonne à l'Allemagne celles de la guerre.

FIN

TABLE DES MATIÈRES

Imprimerie E. Aubin

Ligugé (Vienne)